JN026271

Q&A
地域包括支援センターのシゴト

ぎょうせい

はじめに

地域包括支援センターは、保健師・社会福祉士・主任介護支援専門員を配置し、総合相談支援業務、権利擁護業務、包括的・継続的ケアマネジメント支援業務、介護予防ケアマネジメントの各業務を担い、市町村における地域包括ケアの推進の要として、今では高齢者の暮らしに欠かせない機関の１つとしてその役割を担っています。

その数は、高齢者人口の伸びに応じ、年々、設置箇所は増えており、全市町村で計5,404カ所（2022年４月末時点）となっていますが、単身世帯や老々世帯の増加や複合的な課題を抱えた世帯への支援など、支援内容も多岐にわたり、業務量の増加に伴う職員への負担が課題となっています。

そのような背景もあり、今回、私たちがこの本を執筆しようと考えたのは、地域包括支援センターに入職されたばかりの方や保険者のほか、地域包括ケアの構築に関与される専門職の皆様に地域包括支援センターの業務をわかりやすく解説し、理解を深めていただきたいと考えてのことでした。

また、関心のある項目から読み進めてもらえるように、Ｑ＆Ａ方式とし、コラムや帳票なども加え、よりわかりやすく解説するよう努めました。

一つひとつの章立てにも思いを込めて、現場の皆様に少しでもお役に立てるよう４人で知恵を絞りながら進めてきました。

この本を１人でも多くの方に手に取っていただき、地域包括支援センターが担っている多くの役割についてさらに認識を深めていただけると幸いです。

2023 年3月

田中　明美

目　　次

第３章　権利擁護

第４章　包括的・継続的ケアマネジメント支援

第５章　介護予防ケアマネジメント

第６章　多機関連携

第７章　地域包括支援センターのマネジメント

第８章　機能強化

第９章　地域包括支援センターが今後求められる役割

おわりに

装丁・本文デザイン・図版作成＝工藤公洋
本文DTP＝山本秀一、山本深雪（G-clef）

第1章
地域包括
支援センターを知る
基礎知識

Q 01 包括センターは何をするところですか？

A 高齢者が住み慣れた地域で安心してその人らしい生活を継続できるようにするために、介護サービスをはじめとしたさまざまなサービスが、心身の状態の変化に応じて、切れ目なく提供される必要があります。こうした高齢者の生活を支える役割を果たす総合機関として、市町村が地域包括支援センター（以下「包括センター」）を設置します。

包括センターでは、福祉・保健・医療など、さまざまな分野から総合的に高齢者とその家族の生活を支える地域の窓口として、保健師・社会福祉士・主任介護支援専門員などの専門職が連携をとりながら、高齢者の権利擁護や地域の課題解決や地域の支援体制の構築から地域づくりなど、大変幅広い活動を展開しています（図表１－１参照）。

目的については、介護保険法第115条の46第１項に記載があります。

介護保険法第115条の46第１項

地域包括支援センターは、（略）地域住民の心身の健康の保持及び生活の安定のために必要な援助を行うことにより、その保健医療の向上及び福祉の増進を包括的に支援することを目的とする施設とする。

Q 02 包括センターには どのような業務がありますか？

A 包括センターの業務としては、地域支援事業の必須事業である包括センターの運営と指定介護予防支援事業が位置づけられています。また、社会保障充実分のうち、在宅医療・介護連携推進事業、生活支援体制整備事業、認知症総合支援事業や一般介護予防事業の一部についても、包括センターに委託することも可能ですので、必須事業以外にもさまざまな業務を担っているところもあります。

ここでは、必須事業である包括的支援事業の中の包括センターの運営部分についてご紹介します。なお、指定介護予防支援事業については、第５章介護予防ケアマネジメントでも解説します。

図表１-１　包括センターの概要

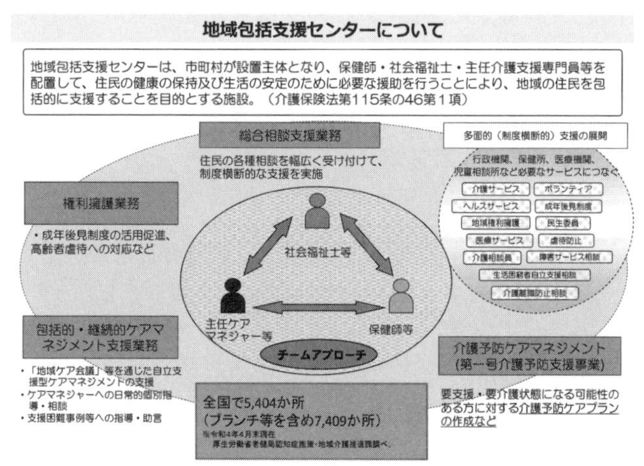

出典：厚生労働省ホームページ「地域包括支援センターの概要」より一部抜粋

包括センターの必須事業は以下の４事業です。１～４の詳しい業務内容については、第２～５章に記載していますので、概要のみ紹介します。

１．総合相談支援業務（介護保険法第115条の45第２項第１号）

地域の高齢者等が住み慣れた地域で安心してその人らしい生活を継続していくことができるよう、どのような支援が必要かを把握し、地域における適切な保健・医療・福祉サービス機関または制度の利用につなげる等の支援を行うものです。（詳細は第２章）

個別の相談だけでなく、地域の課題解決や、地域づくりの役割も担っています。
包括センターだけでは解決できないことについては、関係機関・関係者等と連携しながらつないでいくこともしています。

２．権利擁護業務（介護保険法第115条の45第２項第２号）

高齢者が、地域において、安心して尊厳のある生活を行うことができるよう、専門的・継続的な視点からの支援を行うものです。地域の住民や民生委員、介護支援専門員などの支援だけでは十分に問題が解決できない、適切なサービス等につながる方法が見つからない等の困難な状況にも対応します。（詳細は第３章）

高齢者虐待の防止や対応、消費者被害の防止や対応、判断能力が低下した高齢者への支援なども行っています。

３．包括的・継続的ケアマネジメント支援業務（介護保険法第115条の45第2項第3号）

高齢者が住み慣れた地域で暮らし続けることができるよう、介護支援専門員、主治医、地域の関係機関等の連携、在宅と施設の連携など、地域において、多職種相互の協働により連携し、個々の高齢者の状況や変化に応じて包括的・継続的に支援していくものです。介護予防ケアマネジメント、指定介護予防支援および介護給付におけるケアマネジメントの相互の連携を図ることにより、個々の高齢者の状況や変化に応じた包括的・継続的ケアマネジメントを実現するため、地域における連携・協働の体制づくりや個々の介護支援専門員に対する支援等を行うことを目的としています。（詳細は第４章）

たとえば、支援がスムーズに進まないケースの相談を介護支援専門員から受けるなど、絡まった糸をときほぐすサポートや後方支援を行います。

４．第１号介護予防支援事業（介護保険法第115条の45第１項第１号ニ）

第１号介護予防支援事業は、介護保険法第115条の45第１項に規定する介護予防・日常生活支援総合事業のうち、施行規則第140条の62の４第２号の厚生労働大臣が定める基準に該当する第１号被保険者（以下「基本チェックリスト該当者」）に対して、介護予防および日常生活支援を目的とし、その心身の状況、置かれている環境その他の状況に応じて、その選択に基づき、訪問型サービス・通所型サービス・その他生活支援サービス等適切なサービスが包括的かつ効果的に提供されるよう援助を行う業務です。（詳細は第５章）

要支援１、要支援２や基本チェックリスト該当者に必要なサービスや事業の紹介や調整を行っています。

Q 03 全国どこの包括センターも事業内容は同じですか？

Q02の回答にもあるとおり、必須業務は、全国どこの包括センターでも実施しています（第２～５章を参照）。

必須事業以外については、自治体によって、包括センターで実施している場合や異なる機関に委託等をしている場合などさまざまです。

たとえば、包括センターが「在宅医療・介護連携支援センター」のような窓口業務も行うなど、在宅医療・介護連携推進事業の一部を担っている自治体もあります。

ほかの事例として、「認知症地域支援推進員」などを配置し、認知症総合支援事業などにも対応している自治体や、地域づくりを加速化させるために「生活支援コーディネーター」を包括センターに配置し、生活支援体制整備事業を担っている自治体もあります。また、一般介護予防事業における地域リハビリテーション活動支援事業や介護予防普及啓発事業、地域介護予防活動支援事業などを包括センターが一部担っている自治体もあります。

このように、必須事業以外の事業については、それぞれの保険者の考えによって、包括センターが業務として担っている自治体とそうでない自治体があるので留意してください。最近では、包括センターの機能強化のため、リハビリ専門職を配置する包括センターや基幹型包括センターを直営や委託で設置する自治体もあります。

包括センターによって、必須業務だけの展開なのか、他の業務も担っているかが異なります。

04

相談したい場合、どこの包括センターで対応してもらえますか？また、誰でも、どのようなことでも、相談できますか？

A 包括センターは、相談者の住所地の地域により、担当するセンターが決まっています。地域の情報も持ち合わせていることからも、スムーズに対応ができます。

住所地の包括センターの場所は、インターネット検索で知ることができます（「〇〇市　包括センター」と、自治体名と共に入力）。自治体の高齢者関係部局に尋ねるのも１つです。

住所地と異なるエリアを担当する包括センターにおいても、相談を最初から拒否をすることはないかと思いますが、担当エリア外の情報については、十分もらえていない場合もあります。この理由からも、初回の訪問から担当エリアの包括センターに相談するとよいでしょう。

また、包括センターは、主な対象を高齢者やその介護者としている相談機関です。相談は誰からでも受け付けられますが、相談の内容によっては、他の相談機関等を紹介することがあります。

相談できる事項についても、高齢者の介護や福祉に関する相談が主となりますが、健康や介護予防をはじめ、権利侵害を受けた場合の相談などもあります。介護者のこと、同居家族のこと、近隣のことなど困りごとは多岐にわたりますので、「こんなことを相談してもいいの？」と判断に困った場合は、迷わず相談してみましょう。

包括センターの運営における基本的視点について教えてください。

05

包括センターの目的を果たすためには、以下のような基本的な視点に立ち、運営を行うことが大切です。

1.「公益性」の視点

包括センターは、介護保険制度をはじめとする市町村の介護・福祉にわたる行政の一躍を担う「公益的な機関」として、公正で中立性の高い事業運営を行う必要があります。

運営費用は国民の介護保険料や国・地方公共団体の公費によって賄われています。このことを十分に認識したうえでの適切な運営が求められます。これは市町村（保険者）直営のみならず、法人委託の場合においても同じです。

2.「地域性」の視点

包括センターは、地域のサービス提供体制を支える中核的な存在であり、それだけに各地域の特性や実情を踏まえた柔軟な事業運営を行う必要があります。このため、「地域包括支援センター運営協議会」や「地域ケア会議」をはじめ、さまざまな機会を通じて、地域のサービス利用者や事業者、関係団体、住民等の意見を幅広く聞き取り、それらを日々の活動に反映させるとともに、地域が抱える課題の解決に積極的に取り組んでいくことが重要です。

３.「協働性」の視点

包括センターには、保健師、社会福祉士、主任介護支援専門員等の職員が配置されていますが、各職員が自らの業務を狭くとらえ、「縦割り」に陥ることがないよう、常に相互に情報を共有し、協議して業務を遂行するチームアプローチが必要です。

以上の３つの基本的視点を有した運営を行うためには、包括センターの属する部局や組織がセンターの目的や業務等を理解していることが前提となります。そして、包括センターの課題を共有し、組織として対応がとれる体制を構築していくことが大切です。

「地域性」の視点からも、包括センターは地域づくりに重要な役割を果たしています。総合相談や権利擁護、介護予防ケアマネジメント、包括的・継続的ケアマネジメント支援など包括的支援業務から見えてくるさまざまな地域課題を、「公益性」や「協働性」の視点を持ち、解決していくことが求められています。包括センターだけで地域課題の解決をすることが難しい場合には、包括センターから行政へ働きかけることも重要です。行政もそのことを受け止め、必要に応じて対応していくことが求められます。

出典：地域包括支援センター運営マニュアル検討委員会編集『地域包括支援センター運営マニュアル3訂』（長寿社会開発センター、2022年）

06 包括センターを所管する市町村（保険者）としての役割を教えてください。

A　市町村（保険者）は、包括的支援事業を法人等に業務委託する場合には、包括的支援事業の実施に係る方針（運営方針）を示す必要があります（介護保険法第115条の47第１項）。

2018年施行の改正介護保険法において、市町村（保険者）および包括センターの設置者は、包括センターが実施する事業の評価をし、必要に応じて運営方針の変更等、必要な措置を講ずることが義務化されています。運営方針を示す対象者は、包括センターの設置者となっています（介護保険法第115条の46第９項）。

なお、直営の包括センターでも同様の運営方針を定めることが重要です（介護保険法施行規則第140条の67の２）。

【運営方針の内容】

①市町村の地域包括ケアシステムの構築方針

②区域ごとのニーズに応じて重点的に行うべき業務の方針

③介護事業者・医療機関・民生委員・ボランティア等の関係者とのネットワーク構築の方針

④介護予防にかかるケアマネジメント（第１号介護予防支援事業等）の実施方針

⑤ケアマネジメント支援の実施方針

⑥地域ケア会議の運営方針

⑦市町村との連携方針

⑧公正・中立性確保のための方針

⑨その他地域の実情に応じて、運営協議会で必要であると判断した方針

07

地域包括支援センター運営協議会の役割について教えてください。

A 地域包括支援センター運営協議会（以下「運営協議会」）は、包括センターが適切、公正かつ中立な運営を確保できているかどうかを評価する場として、市町村（保険者）により設置されています。また、包括センターは、当該市町村の運営協議会の意見を踏まえて、適切、公正かつ中立な運営を確保することとされています（介護保険法施行規則第140条の66第２号ロ）。

包括センターが、市町村（保険者）に提示された業務の運営方針に基づき、事業を適切に実施しているかどうかは、必要な基準を作成したうえで評価し、不十分な点があれば改善の方策を共に探ることが必要です。こうした評価や検討を行うため、運営協議会は、毎年、包括センターより以下の書類の提出を受けることになります。

①当該年度の事業計画および収支予算書
②前年度の事業報告書および収支決算書
③前年度の包括センターの運営状況に関する評価の結果
④その他運営協議会が必要と認める書類

なお、運営協議会の所管事務には、包括センターの設置等に関する事項や包括センターの行う業務の方針に関すること、包括センターの運営に関することやセンター職員の確保に関すること、その他の地域包括ケアに関することなどが挙げられます（Q112参照）。

08

包括センターの設置主体と運営方法について教えてください。

A　包括センターは、市町村（特別区、一部事務組合、広域連合等含む）が設置できます。また、介護保険法第115条の46第１項に規定する包括的支援事業の委託を受けた者も包括的支援事業等を実施するためにセンターを設置できます。センターの運営にあたっては、以下の３つの方法があります。

①直営：市町村が直接運営するセンター

②委託：すべての包括センターが市町村（保険者）の委託

③直営と委託：単数または複数の直営と、単数または複数の委託による包括センターで構成

p.12、13のような通常の包括センターの設置以外に、以下の４つがあります。

１．基幹型センター

センター間の総合調整のほか、在宅医療・介護の連携強化、認知症施策の推進、複合的な課題や困難な相談対応、介護予防に係るケアマネジメント、地域ケア会議等の後方支援を行うなど基幹的な機能を持つセンターです。センターの類型であり、法令等に定められる配置基準を満たす必要があります。また、担当圏域を持つ場合と持たない場合、他のセンターの担当区域と重複している場合があります。

２．機能強化型センター

権利擁護業務や認知症支援、自立支援や重度化防止に関する機能を強

化し、当該分野において他のセンターを支援します。法令等に定められる配置基準を満たす必要があり、基幹型センターと同じく、担当区域が重複している場合があります。

3．サブセンター

本所、支所をあわせたセンター全体として人員配置基準を充足し、本所が総括機能を発揮しつつ、それぞれの支所が４機能を適切に果たすことができるということであれば、設置が認められます。

4．ブランチ

包括センターが４つの包括的支援事業に一体的に取り組むことを前提として、住民が身近なところで相談を受け付け、包括センターにつなぐための「窓口」として設置するものです。ただし、包括センターが行う包括的支援事業の一部を分割して、当該包括センターから他の法人に委託することは認められていません（第１号介護予防支援の居宅介護支援事業所への一部（再）委託を除く）。

図表１-２　包括センターの機能強化（類型）

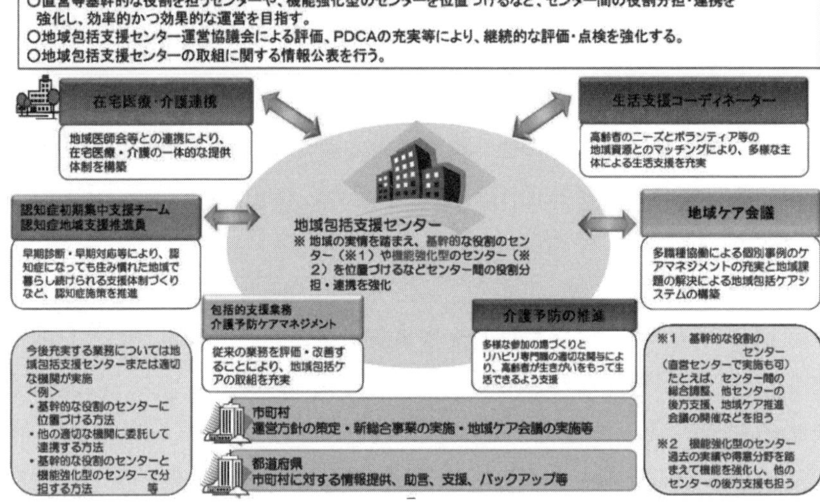

出典：厚生労働省

Q 09 包括センターの設置状況について教えてください。

A　包括センターは、すべての市町村に配置されており、全国に5,404カ所あります。運営形態は市町村直営が20％、委託型が80％で、委託型が増加傾向にあります（2022年４月末現在）。また、ブランチの設置数は1,647カ所、サブセンター設置数は358カ所です（図表１-３）。

図表１-３　包括センターの設置状況

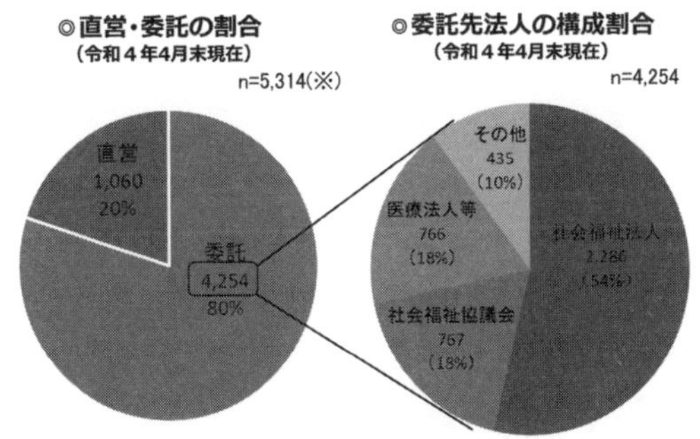

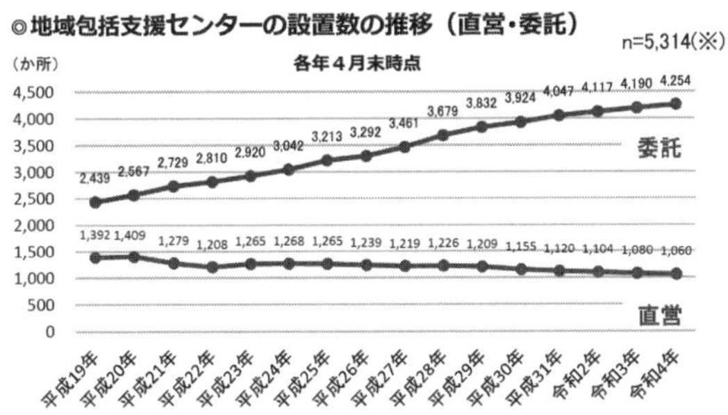

出典：厚生労働省「地域ケア会議の概要」

第２章

総合相談支援

Q10 総合相談支援業務とはどのような業務ですか？

A　総合相談支援業務は、包括センターの全業務の土台であり、各業務への入り口として制度発足当初から位置づけられています。厚生労働省地域支援事業実施要綱では以下のように示されています。

> 総合相談支援業務は、地域の高齢者が住み慣れた地域で安心してその人らしい生活を継続していくことができるよう、地域における関係者とのネットワークを構築するとともに、高齢者の心身の状況や生活の実態、必要な支援等を幅広く把握し、相談を受け、地域における適切な保健・医療・福祉サービス、機関又は制度の利用につなげる等の支援を行うことを目的とする。

主要な業務としては、以下の３つがあります。

①地域におけるネットワークの構築

②地域の高齢者の状況等の実態の把握

③総合相談支援（初期段階での相談対応および継続的・専門的な相談支援）

また、高齢者等の本人のみではなく、「家族を介護する者に対する相談支援」も重要とされています。さらに、社会福祉法では、複合化・複雑化した課題を抱える個人や世帯に対する適切な支援・対応を行うため、包括センターを含む相談支援を担う事業者は、相談等を通じて自らが解決に資する支援を行うことが困難な地域生活課題を把握した場合には、必要に応じて適切な支援関係機関につなぐことが努力義務とされています（同法第106条の２）。そのため、総合相談支援の実施にあたっては、「地域共生社会の観点に立った包括的な支援」を行い、他の相談支援を実施する機関と連携し、必要に応じて引き続き相談者とその世帯が抱える地域生活課題全体の把握に努めながら、相談支援に当たることが望ましいとされています。

●総合相談支援の相談内容

Q11 総合相談支援にはどのような相談内容がありますか？

A　包括センターは、「地域住民の心身の健康の保持及び生活の安定のために必要な援助を行うことにより、その保健医療の向上及び福祉の増進を包括的に支援することを目的とする施設」（介護保険法第115条の46）と定められています。そのため、高齢者支援関連を含めて地域住民から幅広い多様な相談が寄せられています。介護保険サービス利用の申請・相談窓口ともなり、介護サービス利用に関する相談のほか、以下のような多様で幅広い相談が、本人、家族、親族、友人、知人、民生委員、自治会、関係機関・団体等の相談者から日々入ってきます。包括センターは、これらの相談に対して、３職種のチームアプローチを基盤として相談支援を行っていきます。

主な相談の例について、以下に示していますので、確認してみましょう。なお、緊急性の判断、意思決定支援といった対応はいずれの相談対応にも共通しています。

主な相談の例（かっこ内は主な確認のポイント）

●５年前に夫が亡くなり、現在は１人暮らしだが、最近歩きづらくなり、買い物に行くことや家事をするのがつらくなってきた。築年数の古い団地の５階に居住しており、エレベーターがなく階段の上り下りに特に苦労している。

（高齢の独居、喪失体験、フレイル予防、住環境、親族関係、近隣関係…）

●友人宅は夫婦世帯だが、病身の妻を80歳代の夫が１人で世話をしている。最近見かけたがひどく疲れた様子だったので心配している。

（本人状況確認、介護者状況確認、家族介護者支援…）

●妻がすい臓がんでステージ４、余命３カ月と診断された。心配と不安で仕方がない。本人は住み慣れた家で最後の時間を過ごしたいと希望しているが、どのようにしていけばいいのかわからない。

（ACP・意思決定支援、医療・介護連携、家族状況、住環境、介護不安への対処…）

●自治会の高齢化が進み、なんらかの取り組みを自治会として行いたい。集会所もあまり活用されていないので活用方法も一緒に考えてくれないか。

（地域支援、予防活動の推進、孤立防止…）

●隣家から息子さんが親を怒鳴る声が聞こえる。最近、親御さんを見かけないが大丈夫か心配だ。

（緊急性の判断、権利擁護業務への移行、虐待防止・対応…）

●頼れる親族がおらず、これからの生活が心配だ。成年後見制度というものがあると聞いたが、どのような制度なのか。自分も利用できるのか。

（成年後見制度・日常生活自立支援事業などの制度内容紹介、本人状況確認、地域での仲間づくり、居場所紹介、孤立防止…）

●近隣の知人の家に見慣れない業者が出入りしている。本人は高齢の１人暮らしで頼れる親族がいない。最近物忘れも出てきた様子だったので、なんらかの消費者被害にあっていないか心配だ。なんとかならないか。

（消費者被害防止、認知症地域ケア、権利擁護業務…）

●高校生の子が40歳代の障害がある母親を世話している世帯がある。本人は進学したいと以前話していたが、母親の調子が最近悪化した様子で心配している。

(ヤングケアラー、本人状況確認、介護状況確認、障害福祉制度との連携、学校・スクールソーシャルワーカーとの連携…)

●引きこもりの子どもがいるが自分も年をとってきた。自分と子どものこれからが不安だ。同じような方たちはどのようにしているのか。

(世帯状況確認、息子の状況確認、引きこもり支援、伴走支援、家族会等の当事者グループの紹介・つなぎ、重層的支援へのつなぎ…)

●50歳代の夫が脳梗塞で入院し、現在はリハビリ中だが、今後どのようにしていったらよいか。右片麻痺だが家で介護できるのかどうか、方法がわからない。

(ADL(日常生活動作)状況、リハビリの継続、家族状況、住環境、介護不安への対処、医療・介護連携、離職防止、第2号被保険者※…)

※介護保険の被保険者は、65歳以上の者(第1号被保険者)と、40歳から64歳までの医療保険加入者(第2号被保険者)に分けられます。第2号被保険者は、介護保険の定める脳血管疾患や初老期における認知症などの16の特定疾病が原因で要介護(要支援)認定を受けたときに介護サービスを受けることができます。

Q12 多様な相談に対するセンター職員の基本姿勢について教えてください。

A 多様な相談に対するセンター職員の基本姿勢は、「しっかり聞いて、まずは受け止める」です。

自身に置き換えてみてください。役所や包括センターのような相談窓口に喜んで相談したいという人はほとんどいません。なんらかの心配事や課題を抱えて包括センターのような相談窓口にたどり着いた人たちは、「２つの不安」を抱えています。

①「このような問題を抱えて、自分の将来はどうなってしまうのだろう」といった自分の生活への不安

②「相談窓口の担当者はどのような人なのだろうか？　自分の心配事をしっかりと受け止めてくれるのだろうか？」といった相談員、支援者への不安

このような２つの不安を抱えて窓口に来てくれた相談者に、まずは丁寧な姿勢・態度、やさしい言葉で応対し、訴えや言葉を傾聴し受け止める姿勢が求められます。そのような基本姿勢があることで、相談者は「ここに相談してよかった」「受け止めてもらえた」と感じ、初めて話をすることができます。相談者との信頼関係もそこから形成されていくのです。そのような基本姿勢での対応をセンター職員がチームで行えるよう、組織レベルでの取り組みも重要です。

基本姿勢は、課題を抱えた本人だけではなく、家族、親族、友人、知人、民生委員、自治会、関係機関・団体等などの相談者に対しても同様です。民生委員や関係機関・団体などの地域ケア関係者とはこれまでの関係構

築での信頼の積み重ねにより、より早く、率直なやり取りが可能となってくることでしょう。

また、多くの人は「心配ごとを人に伝え、相談する」という抵抗やさまざまな葛藤を乗り越えて相談してきています。「助けて」と言いやすい、なんらかのSOSを出しやすい地域や社会の形成が求められています。家族の数が減少し、地域社会のつながりも希薄化している現在の日本社会の状況下にあって、包括センターのような総合相談窓口に相談がつながりやすい地域社会、地域住民が互いに相談しやすい状況をつくっていく取り組みも、センター職員の基本姿勢となります。

相談者や課題を抱えている本人の多様なニーズ、地域や社会のニーズを相談の背景から把握し、よりよい状況になるように働きかけていく基本姿勢もセンター職員には求められています。

センター職員の初回相談対応の基本姿勢

①相談者が安心できる場、環境づくり
②丁寧な姿勢・態度、
③やさしい言葉で応対
④訴えや言葉を傾聴し、相談者の不安、感情を受け止める姿勢
⑤「ここに相談してよかった」「受け止めてもらえた」といった相談者との信頼関係の構築

Q13 総合相談の方法にはどのようなものがありますか？

A 総合相談の方法には、電話相談、来所相談、訪問しての相談（アウトリーチ）、ICTを活用した相談、地域の住民グループなどの仲間同士の相談の場の形成支援などがあります。電話相談、来所相談、アウトリーチなどの相談方法は、いずれも「手段」です。まずは包括センターの機能・役割を地域住民、関係者に周知していく必要があります。

総合相談支援業務には、Q10で説明したように、主要な３つの業務があります。①地域のネットワークの構築や②実態の把握を通じて、地域住民のニーズが③総合相談支援につながってくる、また、③総合相談支援のニーズ対応のために①地域におけるネットワークを活用していく、②実態把握を進める、というようにどこが入り口でも３つの業務は循環しています。

地域や家族のつながりが希薄化している状況のなか、困ったときにSOSが出せる地域、相談しやすい地域社会の形成は包括センターの取り組み課題です。その対策として、個人情報保護に留意しながらメールや各種SNSを活用した相談対応、情報の周知という手段があるのです。社会福祉協議会などの地域福祉推進活動の取り組みと連携しながら、地域で住民グループや当事者グループ、自助グループを形成し、相互のつながりづくりをサポートすることも、総合相談の基盤につながります。

※具体的な相談の留意点などは以下のQに示しています。

電話相談→Q15　来所相談→Q16

訪問での相談（アウトリーチ）→Q17　ICTを活用した相談→Q20

地域の住民グループなどの仲間同士の相談の場の形成支援→Q21

14 「初期段階の相談支援」で留意することはどのようなことですか？

厚生労働省の地域支援事業実施要綱では、初期段階の相談対応について、以下のように示されています。

> 本人、家族、近隣の住民、地域のネットワーク等を通じた様々な相談を受けて、的確な状況把握等を行い、専門的・継続的な関与又は緊急の対応の必要性を判断する。適切な情報提供を行うことにより相談者自身が解決することができると判断した場合には、相談内容に即したサービス又は制度に関する情報提供、関係機関の紹介等を行う。

1．相談者を受け止める

初期段階の相談支援の６つのチェックポイント

☑相談者を受け止め、相談してくれたことをねぎらい、信頼関係を構築

☑課題を抱えている本人の把握

☑相談内容の把握

☑緊急性の判断

☑当面の対応方針を決める

☑初回の受け止めの重要性の再確認

「初期段階の相談支援」で特に重要なのは、相談者とのファースト・コンタクト、「最初の相談支援」です。Q12のとおり、相談者は不安を抱えながら窓口を訪ねてきてくれています。そのことに留意しながら相談者を受け止め、相談してくれたことをねぎらい、信頼関係を構築していく

ことが、この「最初の相談支援」においては最も肝要です。また、包括センターのような総合相談支援窓口には数多くの相談が寄せられますが、情報提供や必要な関係機関・制度へのつなぎ支援を行うことで相談が終結するケースも多くあります。言い換えれば、「最初の相談支援」における判断と対応が重要となってくるということです。

２．課題を抱えている人は誰なのかを確認する

相談は、本人、家族、近隣住民、地域関係者・関係機関のネットワーク等と多様な相談経路から入ってきます。そのため、「課題を抱えている人は誰か」「相談者は本人とどのような関係なのか」を分けて相談内容を把握することが重要です。

どの包括センターにも定型の相談受付様式があるかと思いますが、できれば自治体内で共通の相談受付様式や内容の記録様式、システムを整えて、保険者や各包括センター間での情報交換がしやすいように環境の整備をしておくことも重要です。

３．相談内容の把握をする

信頼関係を構築しながら、相談内容の状況把握を行います。相談者と課題を抱えている当事者が別の場合も多くありますので、それぞれの連絡先の把握のほか、課題を抱えている当事者の生活状況、心身の状況、希望や意向、すでに利用しているサービスや社会資源があるかどうかなどを聞き取ります。

また、相談者が家族介護者などのケアラーの場合は、相談者自身も支援の対象となることに留意しながら、介護状況や相談者自身の状況を聞き取っていきます。

４．緊急性の判断を行う

初期の相談支援で重要となるのが、緊急性の判断です。状況把握等を

行いながら、①情報提供のみでOKなのか、②情報提供しながらも何らかの制度利用やサービス、関係機関へのつなぎ支援が必要なのか、③今後の専門的・継続的な相談支援が必要なのか、④生命・財産等の危機状況にあって緊急対応が必要なのかどうか、緊急性のレベル判断をしていきます。

「おむつの給付サービスを利用したい」といったサービス利用に関する相談内容であったとしても、表面上の訴えとは別に、「排泄介護が大変で介護負担がとても重く、相談者である介護者も共倒れになりそうだ」といった相談者本人と介護者のニーズが背景にある場合があります。センター職員は、相談者の訴えを受け止めるとともに、背景にある真のニーズを明確にしていく必要があります。

5．当面の対応方針を決める

緊急性の判断に基づいて対応方針を決めていきます。適切な情報提供を行うことにより相談者が自身による解決ができると判断した場合には、相談内容に即した対応方法やサービス・制度に関する情報提供、関係機関の紹介等を行います。緊急性が少なく、情報提供や関係機関への紹介・つなぎのみで対応できるような相談事例の場合も、本人や相談者の力で対応できるかどうか、本人や相談者の現状の対応能力（ワーカビリティ）を見極めていきます。

専門的・継続的な相談支援、または緊急対応の必要性があると判断した場合は、訪問してのアウトリーチ対応等、包括センターとしての介護予防業務、権利擁護業務、包括的・継続的ケアマネジメント支援業務等の各業務への移行も視野に入れた相談支援になります。

6．初回の受け止めの重要性の再確認

高齢化が進み、支える家族の数が少なく、介護負担が増している状況においては、本人や相談者の持っている意欲や能力をアセスメント（情

報収集と課題分析）して、エンパワメントしていくことが重要です。同時に、必要となる社会資源（生活するうえでおこるさまざまな課題の解決を担う制度やサービス、人々などの総称）への紹介など、具体的に連絡・調整してつないでいくことが大切です。相談者が安心して相談ができる窓口として、わかりやすい情報提供が行えるかどうか、ネットワーク構築に基づいた的確な社会資源につなげられるかどうかは、包括センターの中核的な機能です。

相談者からの「電話相談」で気をつけることはどのようなことですか？

15

A 包括センターへの相談の多くは１本の電話から始まります。相談者は、本人、家族、親族、隣家の人、知人、民生委員、自治会役員、市役所の各部署職員、介護支援専門員（ケアマネジャー）、介護事業所職員、医療機関職員、各分野の相談機関職員など多様です。

電話は相手の姿が見えないため、Q14の「初期段階の相談支援」の留意点と流れをより丁寧に行います。相談者や当事者の状況を想定しながら職員自らの声の高低、適切な速さ、言葉遣いに留意します。

高齢者は高音から聞こえにくくなることが多いです。また、小さな音も聞こえにくくなります。相手の状況に留意するようにしましょう。

電話対応には、「相手を待たせない」「メモをとるなど正確に聞き取り、伝える」「敬語や敬称など正しい言葉遣い」「明るい、やわらかい印象の話し方を心がける」「相手の状況や気持ちに寄り添う」「固定電話や携帯電話など使用している電話の操作方法を確認しておく」「相談受付の場合は相談記録表、関係機関からの場合はメモの準備を整えておく」といった基本的な準備があります。これらの基本応対のマニュアルを整備するなどして、センター職員全員で確認しておきます。

そのうえで相談内容の把握を行い、①情報提供のみで済むのか、②関係機関への紹介や社会資源へのつなぎが必要なのか、③来所相談や訪問しての継続相談が必要なのか、④緊急対応が必要なのか、支援方針、支援方法の判断をしていきます。

継続的な対応が必要な相談対応の場合の大まかな流れを示します。

1．最初の受け止め・相談の目的・主訴の確認

電話をくれた労をねぎらい、相談者は誰で、課題を抱えている当事者は誰なのか、主訴を確認します。

2．情報収集

自治体や包括センターで準備している受付表、相談記録票等により、相談者から基本情報を聞き取ります。抱えている課題は何か、相談者の主訴を聞き取りながらニーズを把握します。また、現在の身体状況、生活状況など、課題を抱えている本人の状況、介護者や家族の状況、現在受けているサービスなどを確認します。聞き取りをもとに、今後必要となる支援の見立てをしていきます。

3．対応の留意点

一度の電話のやり取りだけでは潜在的なニーズを把握することが困難な場合もあります。介護保険等の公的サービスの利用や継続的な対応が必要な場合は、家族等に来所してもらい、さらに詳しい聞き取りや必要なサービスの申請手続きを促します。高齢の独居者や高齢者のみ世帯、また、訪問して状況確認したほうがよいレベルの相談と判断した際は訪問相談（アウトリーチ）を行います。

時に、「疲れ果てて死んでしまいたい」といった自殺の危険性がある方からの電話が入ることもあります。センター職員には「気づき」「傾聴」「声かけ」「つなぎ」「見守り」といった自殺予防・防止のゲートキーパーの役割が求められます。「ゲートキーパー養成研修」を受講するなどして必要な準備をしておきましょう（Q52参照）。

Q16 「来所相談」で気をつけることはどのようなことですか？

A　来所相談では、電話では聞き取れない、より詳細な情報の収集が可能となります。自身に置き換えてみればわかりますが、最初から自らの困りごとの相談のために、役所や相談機関の窓口に赴こうという人は少ないはずです。包括センター等の相談窓口に来る人は、不安を抱えながらも決意して足を運んでくれたということを忘れずに相談支援を行います。

1．来所相談対応の環境整備

不安を抱えながら来所する相談者のためにも、相談しやすい包括センターの環境整備が必要です。住民にわかりやすいセンターの場所の掲示や相談がしやすくプライバシーが保てるカウンター、相談室の確保などは、保険者・自治体の責務でもあり、包括センターとの協働の取り組みです。同時に、感染症の防止対策等の環境整備も必要です。来所相談時の環境整備と共に、昨今ではメール機能等を使用した相談対応も組み合わせて実施する包括センターも増えています。

2．来所時の対応（最初の受け止め・相談の目的・主訴の確認）

職員は、来所者を相談スペースに案内し、来所してくれたことに対するねぎらいの言葉、温かい言葉かけを行い、緊張を和らげることに努めます。相談者は誰で、課題を抱えている当事者は誰なのか、主訴を確認します。

３．情報収集

Q15の電話相談同様、抱えている課題や相談者の主訴を聞き取りながらニーズを把握するとともに、課題を抱えている本人の状況、介護者や家族の状況、現在受けているサービスなどを確認します。そして、聞き取りをもとに、今後必要となる支援の見立てをしていきます。

４．対応の留意点

傾聴技法、開かれた質問、閉じられた質問等の質問技法も活用しながら、センターで使用している受付表、相談記録票等により聞き取りを行います。

本人や家族の現状等を把握しながら、課題を共に整理します。本人や家族の状態像・家庭環境等を確認しながら、課題の明確化、今後の取り組みの優先順位を決めていきます。相談支援自体が相談者の不安を少しでも和らげ、どうしていいかわからない状態から少しでも今後の見通しが持てるような状態にする場にもなります。家族介護者からの相談が「介護保険や自治体の福祉サービスを利用してみたい」といった単なる制度・サービス利用の内容であっても、背景に重い介護負担などの真の課題（リアル・ニーズ）が隠されていることが多々あります。センター職員には、相談者と信頼関係をつくりながら、丁寧な聞き取りと生活課題を少しずつ明確化していく姿勢が必要です。

介護保険等の公的サービスの利用や継続的な対応が必要と判断した場合は、必要なサービスの申請手続きを促します。家族介護者や担当地区の民生委員などの相談者と課題を抱えている本人が別の場合など、本人の状態や在宅や施設等での生活状況を直接確認してみないと課題の明確化が困難な場合もあります。訪問して状況確認したほうがよいレベルの相談と判断した際は、訪問相談（アウトリーチ）を行います。

最初の受け止めはとても重要です。１人だけで対応するのではなく、センター内のチームアプローチを常に意識して、チームが持っている情報、知識、ネットワークを活用しましょう。

「アウトリーチ」で留意することはどのようなことですか？

17

1．アウトリーチとは？

疾病や心身機能の状態により包括センターに来所することができない人や自らの意志では相談することを求めない人（インボランタリー・クライエント）に対して、センター職員や各種専門機関職員、行政職員などが本人のいる場へ出向いていくことを「アウトリーチ」といいます。包括センターは、介護家族や別居の親族、地域の民生委員、医療機関をはじめとした多様な関係機関から入る相談に基づいて、本人の自宅、あるいは病院、施設等の本人がいる場所にアウトリーチを行います。

2．アウトリーチの土台

高齢化が進み、独居や高齢者のみの世帯が増加しているのが日本社会の現状です。包括センターの機能・役割などの情報を得ることもなく、認知機能の低下や心身機能の低下が進行し、生活困難な状況に陥っている人が増加しています。だからこそ、予防活動の普及や多様な相談機関の周知、地域での多機関・多職種ネットワークの構築、社会福祉協議会などが推進する地域住民ネットワークなどとの連携構築が大切です。このような地域ネットワークが、包括センターに相談が入り、アウトリーチを行っていく土台となります。

3．訪問する前に準備すること

本人・家族（身体状況で来所できない等）、別居の親族、民生委員や関係機関から訪問要請があり、あるいは電話相談や来所相談からの流れの中で訪問が妥当であると判断した場合は、次の手順で準備をします。

①センター内で訪問者のチームを決めます。
センターの配属職員数によりますが、簡便な手続きや介護予防プラン作成のみが予想される場合は単独での訪問、世帯内に複合的課題が予想される場合は連絡先となる主担当者を決めたうえで、センター内職員の組み合わせによる複数体制で訪問し、複眼的にアセスメントしたほうが望ましい場合も多くあります。

②本人が独居者で情報がまったくない場合等は、地区担当の民生委員に本人情報や親族情報等を事前にヒアリングを行うことも多々あります。

③予想される課題の必要性に応じて、自治体の障害福祉担当者や社会福祉協議会の権利擁護事業の担当者、地区担当民生委員などに同行訪問を依頼するなど、関係機関と連絡調整を行います。

4．訪問時の留意点（チェックリスト）

訪問時の留意点は以下のとおりです。

☑事前に、センターの大まかな役割、訪問日時、訪問者名などを伝える。

☑アセスメントは、訪問宅周辺、訪問宅の外観の状況などから始まる。

☑自己紹介後に、会ってくれたことへの感謝の気持ちを伝え、どのような目的で訪問したかを伝える。本人の状態に配慮したうえで、寄り添い、信頼関係の構築に努める。

☑本人や家族の状況理解のため、基本情報シートや基本チェックリストなどを用いて、自宅の環境、日常のADL、IADL、住宅改修や福祉用具使用の必要性、社会交流や内外のサポート状況などを聞き取る。また、さりげなく、本人、家族、住環境などを観察する。

☑日頃の屋内での移動状況や動線の確認のため、本人が動けるようであり、許諾が得られれば、トイレや風呂場、キッチン、寝室まで一緒に移動してもらい、日常生活の状況を確認する。

☑本人や家族の置かれた状況、本人の感情、思い、希望などを共感的に理解するよう努める。

本人が介護老人保健施設等の施設入所や医療機関に入院中の場にアウトリーチすることもあります。日頃からの医療・介護連携のネットワークを活用しつつ、入所先・入院先での担当者とのカンファレンスや現在の状況の情報伝達を受けながら、本人・家族のアセスメントと自宅に戻る場合などの支援方針を立てます。

5．支援方針の策定

本人・家族へのアセスメントに基づき、状況の評価を行い、支援の方向性を検討します。必要に応じて、包括センター内で事例の検討、担当者間の情報共有を行います。アセスメントに基づいて世帯の課題を明確化させたら、介護予防ケアマネジメント業務、包括的・継続的ケアマネジメント業務、権利擁護業務など世帯の課題にあった支援に移行していきます（電話相談、来所相談のアセスメントに基づいて、すぐにこれらの業務に移行していく場合もあります）。世帯の課題に応じて、総合事業、障害福祉制度などの他制度、医療機関受診、認知症の地域支援などの社会資源への紹介やつなぎを行います。他に支援機関がある場合には、本人・家族の同意を得たうえで情報共有を行います。他の社会資源につないだ場合でも、関係機関に対してその後の状況の推移などの情報が入るように依頼し、モニタリング（経過観察）ができるようにします。本人・家族には、包括センターが地域の総合相談窓口として今後もいつでも相談に応じる旨を伝えておきます。

包括センターのアウトリーチ先が、本人の自宅のほかに、入院先の病院、入所先の施設、相談を持ちかけてくれた自治会事務所など地域住民の集まる場、本人が訪れている他の相談機関の窓口など多様です。来所相談や電話相談だけではわからない、課題を抱える本人を取り巻く環境を理解していく絶好の機会となります。本人自身のアセスメントと共に、本人を取り巻く環境をアセスメントし、本人と環境との関係を理解していくことが、本人が抱える課題の明確化につながります。

Column　本人・家族が訪問や支援を拒否した場合はどうする？

民生委員や隣人などから「最近、様子が以前と変わって心配だ」と包括センターに相談が入っても、自宅への訪問や支援を拒否する人や家族もあります。高齢者虐待など生命・財産の危機が予測される場合にはすぐに権利擁護業務に移行します。

生命・財産の危機が当面なく、本人の意思で支援を拒否している世帯の場合は、担当地区民生委員などの地域の身近なサポーターと連携しての見守りや医療機関の紹介、受診の促しなどの支援方法の方針・計画を立てます。本人・家族が単に制度やサービスの内容、包括センターの機能や役割を知らないがゆえの拒否や、これまでの生活経験から行政機関等に不信感を持っている場合、また何らかの精神疾患や認知症等が背景にある場合など、背景にある要因はさまざまなため、世帯の状況のアセスメントに応じて本人や家族との接触を図り、信頼関係を構築していきます。

世帯のなかで引きこもり状態にある人の支援の場合は、課題解決を急ぐような性急な支援は、逆に本人にダメージを与えてしまう恐れもあります。本人の状態に応じて、都道府県や市町村の引きこもり支援担当部署や重層的支援体制整備事業、地域の自助グループや家族会などの当事者支援の諸活動とも連携をとった伴走型支援を行っていきます。

支援方針は、本人の生活に何らかの状況の変化が見られたときに見直しを行います。何らかの変化が生じた際は本人・家族が支援を受け入れるチャンスともなります。状況の変化のなかで本人や家族の生命・財産に危機が生じ、何らかの緊急介入が必要と判断される場合は、直ちに包括センター内のチームアプローチや関係機関との連携により必要な対応を行います。その際、可能な限り、本人、家族に同意を得るようにします。生命・財産の危機の場合は、消防や警察などと連携して訪問による状況確認や安否確認を行うこともあります。

18 「継続的・専門的な相談支援」において留意することはどのようなことですか？

厚生労働省の地域支援事業実施要綱では、継続的・専門的な相談支援について、以下のように記載されています。

> 初期段階の相談支援の対応により専門的・継続的な関与又は緊急の対応が必要と判断した場合には、より詳細な情報収集を行い、個別の支援計画を策定する。支援計画に基づき、適切なサービスや制度につなぐとともに、定期的に情報収集を行い、期待された効果の有無を確認する。

前述のように、多様な相談を数多く受ける包括センターは、電話相談、来所相談、初回のアウトリーチ等の初期段階の相談支援における相談内容や緊急性の判断によるスクリーニング（振り分け）が重要です。包括センターには１回の情報提供や他の社会資源への紹介・つなぎ支援で終了する相談事例も多々あります。

一方で、専門的・継続的な関与または緊急対応が必要と判断した場合には、より詳細な情報収集を行い、個別の支援計画を策定します。継続的・専門的な相談支援の流れは図表２－１のとおりです。

包括センター内の３職種の協議により、相談事例に適した主担当者を決めて、包括センター内のチームアプローチによるフォロー、および地域の多様なネットワークを活用して、一連の支援プロセスを実行していきます。

包括センターが担当する総合事業の介護予防ケアマネジメントや要支援１・２の認定者の介護予防支援プランには一定の定められた計画様式があり、ある程度の継続的な支援プロセスとなります（介護予防ケアマネジメントでは目標に沿った短期間の支援もあります）。一方で、総合相談支援業務における継続的・専門的な相談支援の支援計画は支援対象者の世帯状況等により、本人の生命・財産を保全するための短期間の集中的な支援になる場合もあれば、逆に介入拒否の事例等では地域の協力による長期の見守り支援を伴った計画になる場合もあります。総合相談支援業務の支援プロセスは、あらゆる社会資源を活用するソーシャルワークによる支援そのものといえます。

図２-１　総合相談支援のプロセス

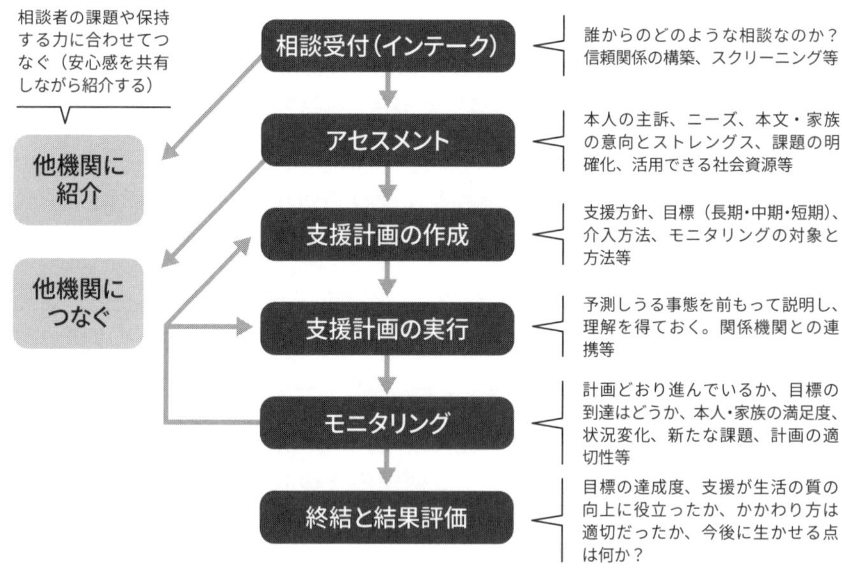

出典：日本社会福祉士会編『改訂 地域包括支援センターのソーシャルワーク実践』（中央法規、2012）p.37をもとに一部改変

19 支援に関する終結の目安はどのようにしていますか？

A 包括センターの総合相談支援の終結の目安は、課題内容や緊急性のレベルによって異なります。大きく分けて、４つのポイントがあります。

①必要とされる社会資源情報の提供により終結
②必要な社会資源への紹介・つなぎで終結
③当初の支援計画（包括センターとしての行動計画）の目標が達成し、本人を取り巻く状況の変化による安定、または支援チームが確立したことによる安定の場合は、包括センターとしての相談支援は終結
④その他、担当エリア外へ転居や死亡など

これらの終結の目安を立てるためにも、初期段階のインテーク（最初の相談対応・情報収集・関係の構築）、緊急性の判断、アセスメント、包括センターとして関わる目的の明確化、支援計画の目標設定、モニタリングが重要となります。

「情報提供」のみで相談者の力で課題への対応が可能と判断された場合は、必要とされる社会資源情報の提供により終結します。その際にも相談者のニーズと必要とされる社会資源の見極め、わかりやすい情報提供といったセンター職員による働きかけが必要となります。

「必要な社会資源への紹介・つなぎ」が必要な場合も同様です。また、相談者のワーカビリティ※をアセスメントし、相談者のみでは紹介した制度・サービス等の社会資源活用が難しいと判断した場合は、相談者をサポートして紹介先に前もって連絡しておく、必要な場合は同行支援す

るなどのフォローアップが必要となる場合もあります。

「継続的・専門的対応」「緊急対応」が必要と判断した場合には、アウトリーチしてより詳細な情報収集を行い、センター内でのチームアプローチに基づいて個別の支援計画を策定して、支援計画に基づいて対応を行っていくことになります。本人、家族に必要となる支援チームを形成し、その後のモニタリングを行いながら、相談支援の効果を確認していきます。当初の支援計画の目標を達成し、本人を取り巻く支援チームが安定した場合は、包括センターとしての相談支援は終結となります。包括センターの実践は、このような必要となる一連の支援の段取りを整えていくことの連続です。

また、包括センターが担当している総合事業の介護予防ケアマネジメント、要支援１・２の介護予防支援計画の場合は、それぞれの支援計画のモニタリングや目標の達成状況によって、終結するか継続支援していくかチームで判断していきます。

※ワーカビリティとは

相談者や本人自身が持つ問題解決に向けた意欲、能力、機会のことを、ソーシャルワークの用語で「ワーカビリティ（workability）」といいます。支援者は、相談支援の過程を通して、相談者や本人のワーカビリティを増していく支援（エンパワメント）を心掛けていきます。一方で、介護離職、ヤングケアラー、ダブルケア、引きこもり、8050世帯などに象徴されるように、複合的課題に直面し、ワーカビリティが減少している状況で、包括センターに来る相談者が増加しています。センター職員は、このような状況を認識して対応しなければなりません。一つひとつの相談支援によるエンパワメントとともに、地域社会に多様なつながりやネットワークをつくり、一人ひとりの個人の尊厳が尊重されながらも緩やかにつながっていける、そして、人々がつながりを実感し、孤立を予防できる包摂的な社会の形成が望まれています。

Q20 「総合相談支援」の環境整備で必要な広報・周知方法はどのようなことですか？

A 包括センターが総合相談支援の窓口としての機能を発揮するためには、地域住民や関係者に対して、包括センターの機能・役割、連絡先、場所、開所時間や相談方法を十分に周知することが必要です。広報・周知には、市町村や包括センターの広報紙やパンフレット、ホームページ、地域の掲示板や回覧、SNS等を効果的に使います。

また、高齢者等が自身の生活に何らかのサポートが必要になったとき、「困ったときには相談してもよい、助けてと遠慮なく言ってもよい」と思える地域の意識醸成も大切です。地域住民が予防や健康増進、何らかの支え合いの活動等に取り組みたいといった意向を持てば、包括センターは相談に応じ、共に方法を考えてくれる場であることも周知していきます。

「包括センターに地域住民や関係者のネットワークから相談が寄せられる」⇔「支援にも地域の多様なネットワークを活用していく」という循環関係を作っていくためにも、前述のような包括センターのあらゆる業務の入り口となる「総合相談支援」の環境整備が必要なのです。

包括センターの周知方法は、以下のとおり多様にあり、複数の組み合わせができます。皆さんの地域ではどのような方法で周知していますか。

①自治体の広報紙での定期的な特集掲載やパンフレットの作成・配布
②自治体HPでの周知（包括センターの役割・機能、連絡先、場所、開所時間、相談方法）
③自治体公式SNS、YouTube等での周知（センターの役割・機能、相

談方法、相談対応の例など）

④包括センター独自のパンフレットや広報紙を作成し、担当地域へ配布（センター職員の顔写真や似顔絵等を掲載し、親しみを持ってもらう工夫。模擬相談事例やフレイル（加齢に伴う虚弱状態）の予防方法などのわかりやすい紹介などを行い、センターの機能・役割を知ってもらう）

⑤包括センター受託法人のHP等での紹介

⑥包括センター独自、もしくは複数センターで協働してSNSを活用したセンター情報の発信、YouTube動画等を作成、配信してセンターの周知を行っている事例もある

⑦担当地域の自治会掲示板等に包括センターのポスター掲示を定期的に依頼

⑧担当地域の自治会や老人会等の住民グループでの出張相談会や認知症サポーター養成講座等を開催してセンター機能をPR

⑨地域住民、民生委員、関係団体、関係機関からの相談に誠実、かつ着実に対応していくことによって、地域の口コミのネットワークによって広がっていくセンターのPR効果（これが最も重要）

市町村（保険者）や他のセンターとも互いの広報の方法を情報交換すると共に、協働して広報・周知を実施していきましょう。

21

認知症の人の相談支援で留意することはどのようなことですか？

A　認知症の人の相談支援において、特に留意すべきポイントは、①本人を中心におくこと、②地域の理解を広げ、深めていくこと、です。

1．留意すべきポイント①本人を中心におくこと

認知症の人の相談支援において大切なことは、本人を中心とし、本人の立場で考えて支援をしていくことです（パーソンセンタードケア）。本人に寄り添い、本人が見て、感じているだろうことを共に感じようとし、本人が保持している力と喪失しつつある力を把握し、保持している力を活かして、できることをサポートしていくことです。

そのためには本人を中心として、本人と共に支援チームが協働し、必要となる社会資源を集めて活用し、必要があれば創っていかなければなりません。介護保険の諸サービスや地域のインフォーマルサポート（親族、近隣、地域社会、ボランティアなどが行う非公式的な援助）、成年後見制度、日常生活自立支援事業、虐待防止の諸法、福祉法制における措置制度、消費者保護の諸制度といった本人への相談支援に活用できるあらゆる社会資源も、本人の生命、財産を護り、さらには本人の人生や日々の暮らしの豊かさの広がり、輝きを少しでも増していくために活用されてこそ意味を持ちます。

2．留意すべきポイント②地域の理解を広げ、深めていくこと

認知症の地域ケアにおいては、地域の理解の促進も不可欠です。自治

会、老人会、学校、企業、関係機関等と連携し、認知症サポーター養成講座、各種予防教室、介護者教室、コミュニティカフェ、地域ケア会議といったさまざまな手法を用いて、認知症ケアに関する啓発を行い、地域社会のサポートの力を増していく取り組みが必要です。包括センターは、市町村、認知症地域支援推進員、認知症疾患医療センター、社会福祉協議会など、多様な関係者と協働して認知症に対する地域理解を深める取り組みをしていきます（Q89参照）。

〈事例１〉

認知症で独居だったＡさんは、認知症の進行過程のある時期に徘徊行動が出現しましたが、地域の民生委員が粘り強く対応してくれた時期がありました。近隣住民からは防火や徘徊を心配する声が挙がり、担当ケアチーム、後見人、包括センター等と近隣の地域住民が話し合う機会を持ちました。Ａさん本人も参加した会議では、Ａさんの現在の状況、サポートするチームの対応状況等を丁寧に説明して、近隣住民の理解を得ることができました。近隣の人は、「高齢化が進むこの地域では、明日はわが身や家族に起こることかもしれない。できる範囲で声かけや見守りに協力していきます」と発言してくれています。この言葉を聞いて担当民生委員をはじめ、チームメンバーは大いに勇気づけられました。

〈事例２〉

日常生活自立支援事業の利用者だった認知症のＢさん。Ｂさんがかつて和食料理人として働いていたことを知った社会福祉協議会の地域福祉コーディネーター、権利擁護センター、包括センターの各ソーシャルワーカーが協働して、Ｂさんを講師にした料理教室を地元の学習館で開催しようと、本人と共に練習に励んでいます。料理教室では、ふろふき大根、焼き鳥、だし巻き卵、鯖のみそ煮などが予定されています。本人に保持されている、本人の生活の歴史の中で培ってきた力が活きるようにサポートしていこうとすることが大切です。

3．一人ひとりの生活、人生の豊かさのために

認知症は不安の病気といわれています。認知症の人の相談支援における権利擁護とは、今、目の前にいる不安を抱えた人を大切にし、本人や家族が安心できる環境をつくっていくことです。その人のこれまでの生活の歴史や保持している力を、本人や家族、関係者からよく聞き取って把握し、活かしていきましょう。そのような本人中心の支援を、家族、地域のケアマネジャー、医療・介護・福祉関係者、地域住民、行政機関が協働して取り組んでいけるように働きかけていくことが包括センターの役割です。

認知症の進行のなかで不安を感じながらも懸命に生きている本人や家族の、「今、ここの、この時」が少しでも豊かに彩られていく相談支援、そのための地域ケアの環境整備が求められています。相談支援の中心には、懸命に今を生きている本人がいます。

4．地域の支援力が広がっていく取り組みを進める

人はよく知らない事柄には冷たくなる傾向があります。それは、高齢者や障害がある人への対応、認知症や障害への理解においても同様です。介護者や地域の多くの人が認知症について知る機会、感じる機会、自分事として考える機会をつくり、地域の支援力が広がっていく取り組みを進めていくことも大切です。

ポイントをおさらいしましょう。
①本人を中心におく
②地域の理解を広げ、深めていく
③目の前にいる不安を抱えた人を大切にし、本人や家族が安心できる環境をつくる
④地域の支援力が広がっていく取り組みをする

Column　集合住宅（団地）における住民互助活動団体の交流

地域のインフォーマルサポートの力が発揮されていくことは全国的な課題ですが、なかでも、高齢化が一斉に進行した団地等の集合住宅における互助活動の振興が重要です。Ｃ市では、団地自治会役員、民生委員、包括センター職員、社会福祉協議会の地域福祉コーディネーター、UR都市機構（独立行政法人都市再生機構）職員らによる５者懇談会が開催されています。当該団地の地域課題等を共有しながら、連携して取り組めることを話し合い、団地での多世代交流や子ども食堂の実施など、関係者が協力して、できることから取り組みを進めています。

また、自治体全域の団地やマンション等の集合住宅における住民互助団体同士の交流会も社会福祉協議会の主催で開催され、各集合住宅における熱心な取り組みが互いに紹介されています。

地域住民を中心に、関係者がネットワークを構築して互助活動に取り組んでいる多様な実践例が全国にあります。互いの活動を参照できる機会を地域でつくっていくことは、有効な住民活動支援の方法です。

22 「意思決定支援」はどのように行いますか？

A 「意思決定支援」を行ううえで、特に留意すべきポイントは以下の点です。

①本人が主人公である
②本人と共に課題を明確化し、対応方法を共に考える
③状況や課題に応じて多様な社会資源を活用していけるように、わかりやすく情報提供を行う
④「意思形成支援」「意思表明支援」「意志実現支援」という意思決定支援の３つの段階を順次支援
⑤環境の側のサポート力や必要となる社会資源を広げる
⑥意思決定支援に関する国レベルの各種ガイドラインを参照する

総合相談支援の基本は、生活課題を抱えている本人や家族、介護者に寄り添い、課題を明確化し、対応方法を共に考え、選択と心構えの意思決定の支援を行い、住み慣れた地域でその人らしい暮らしを継続していくために協働していくことです。

本人や家族が、状況や課題に応じて多様な社会資源を活用していけるように、わかりやすく情報提供を行い、「意思形成支援」「意思表明支援」「意思実現支援」という意思決定支援の３つの段階を順次支援していきます。また、人々の生活課題は人と環境との交互作用で起きているので、環境の側のサポート力や必要となる社会資源を広げていく取り組みも重要です。

たとえば、認知症の人の支援で活用されているのが民法の成年後見制

度ですが、成年後見制度の利用促進においては、成年被後見人等の個人の尊厳、その尊厳にふさわしい生活の保障、意思決定の支援が適切に行われること、成年被後見人等の自発的意思が尊重されるべきこと、財産の管理のみならず身上の保護が適切に行われるべきこと、といった基本理念（成年後見制度の利用の促進に関する法律第３条）が定められました（Q45、Q46、Q47参照）。本人の特性や意向をソーシャルワーカーなどが記述する「本人情報シート」の開発や医師の診断書等の関連書式の変更があった背景には、後見人等や支援チームが本人の意思を置き去りにしがちな状況があったことへの反省があります。

国連の障害者権利条約策定の議論において障害のある当事者たちから強調された統一スローガンは、“Nothing about us without us”（私たち抜きに私たちのことを決めないで）です。人を支援する諸制度の推進、活用を行う際には、常に本人を中心にして意思決定の支援をしていくことが必要です。

国レベルでは「障害福祉サービスの利用等にあたっての意思決定支援ガイドライン」（2017年）、「人生の最終段階における医療の決定プロセスに関するガイドライン」（2007年・2018年改訂）、「認知症の人の日常生活・社会生活における意思決定支援ガイドライン」（2018年）、「身寄りがない人の入院及び医療に係る意思決定が困難な人への支援に関するガイドライン」（2019年）、「意思決定支援を踏まえた後見事務のガイドライン」（2020年）といった一連の意思決定支援に関わるガイドラインが公表されています。

包括センターや市町村には、これらの一連の意思決定支援に関わるガイドラインの原則を踏まえた実践の普及を、地域ケア会議、各種の専門職の連絡会、医療・介護連携の推進、地域住民との共同の学習会等で進めていくことが求められています。

23 「家族を介護する者に対する相談支援」には何が必要ですか？

「家族を介護する者に対する相談支援」を行ううえで、特に留意すべきポイントは以下の点です。

①介護負担が重い状況の世帯が増えている社会状況の確認
②各世帯の状況には個別性があることの確認
③チームアプローチによる支援
④認知症や障害特性の理解や介護方法などをわかりやすく伝える
⑤社会資源の情報提供とつなぎ
⑥介護者の抱える具体的な課題への対応
⑦介護者の相互交流の場づくり
⑧介護者の生活・人生の質の向上に対しても支援する視点

親族の介護を担う家族の数そのものが減少しているなか、介護する家族への支援が重要となっています。①夫婦の老々介護、②親子の老々介護（親が90歳代、子が70歳代の介護世帯など）、③介護者も疾病を抱えている状態での介護、④介護者の仕事の負担が重い状態での介護、⑤介護のために離職を余儀なくされている状況（介護離職）、⑥孤立した介護者による単独介護、⑦介護と育児のダブルケア、両親２人の同時介護、⑧重い責任や負担を負って家族の介護をすることで、自らの育ちや教育に影響を及ぼしている18歳未満の子ども「ヤングケアラー」など、介護負担が重い状況の世帯が増えています。

介護する家族への支援は、ケアチームのチームアプローチによる取り組みが重要です。認知症などの疾病や障害特性の理解や対応、介護の知識や技術の伝達、利用可能な社会資源の情報提供とつなぎ、介護者の相互交流の場づくり、介護者の抱える具体的な課題（仕事との両立、ダブルケア、自身の疾病や障害など）への対応、などのサポートが介護負担の軽減や虐待防止のうえでも必要となります。虐待が発見された場合は、権利擁護業務に移行し、高齢者虐待防止法や他の虐待防止法に基づいた公的支援・対応を迅速に行います。

また、地域の関係機関とのネットワーク構築により、介護者支援の重要性を多様な専門職、関係者が互いに確認し、チームでの介護者支援を行っていきます。

厚生労働省は、2018年に「市町村及び地域包括支援センターによる家族介護者支援マニュアル～介護者本人の人生の支援～」を公表しました。

このマニュアルでは、これからの家族介護者支援施策の目指す目標として、「家族介護と仕事や社会参加、自分の生活を両立すること」と、「心身の健康維持と生活の質の維持・充実（ひいては人生の質の維持・充実）」の両輪が共に円滑にまわりながら、要介護者の介護の質・生活・人生の質もまた同時に確保される「家族介護者支援」を推進することとしています（図表２－２）。

この「家族介護者支援」の新たな目標達成に向けて、包括センターの総合相談支援業務をはじめとする事業に求められていることは「家族介護者を「要介護者の家族介護力」として支援するだけでなく、「家族介護者の生活・人生」の質の向上に対しても支援する視点をもち、要介護者と共に家族介護者にも同等に相談支援の対象として関わり、共に自分らしい人生や安心した生活を送れるよう、包括センターの事業主体である市町村はもちろん、多機関専門職等と連携を図って、家族介護者にまで視野を広げ相談支援活動に取り組むこと」としています。

全国初のケアラー支援条例が埼玉県で公布・施行されるなど、自治体レベルの取り組みも始まっています。

図表２-２　家族介護者支援の総合的展開の４つの考え方

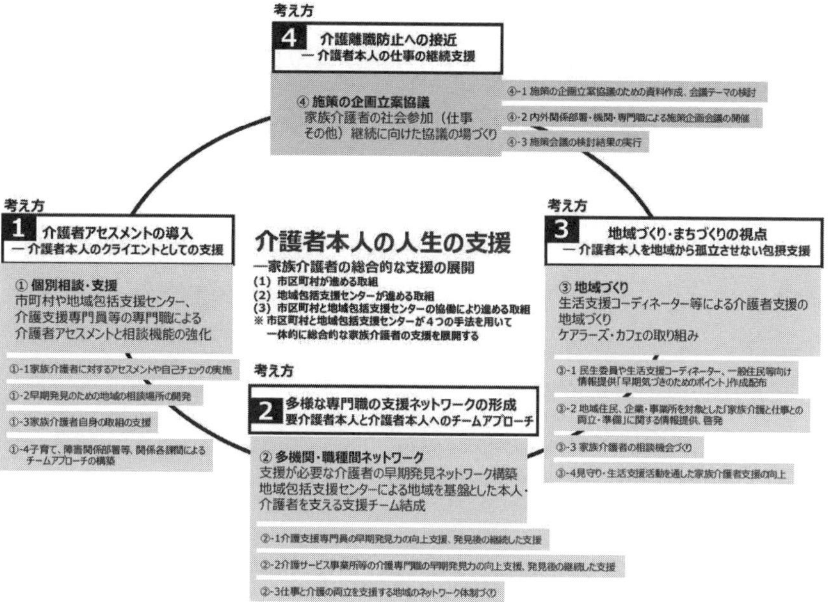

出典：厚生労働省「市町村及び地域包括支援センターによる家族介護者支援マニュアル
～介護者本人の人生の支援～」11ページより抜粋

Q24 介護離職防止のための取り組みにはどのようなものがありますか?

A 本人に対する支援と共に、介護者への支援、介護離職防止、就業と介護や育児の両立の支援は、日本社会の重要課題となっています。

就労している家族介護者の介護離職を防止するためには、介護保険サービスや自治体の支援制度などの公的サービス等と、育児・介護休業法などの労働法制に基づく勤務先の介護休業制度等をうまく組み合わせて利用し、就業と介護を両立させていくことへの支援が必要となります。そのために、自治体や包括センター、ケアプランを担当するケアマネジャーなど家族介護者を支援する支援者が家族介護者の勤務実態等も踏まえた相談支援を行っていきます。先に紹介した「市町村及び地域包括支援センターによる家族介護者支援マニュアル」では、包括センターの取り組みの実践例として図表2－3のような例が示されています。

また、厚生労働省は「仕事と介護の両立支援事業」を実施しており、普及用パンフレットで、介護と仕事の両立の継続のために6つのポイントを挙げて解説しています(図表2－4)。介護がいつ始まっても慌てないように、①介護保険制度・介護サービス、両立支援制度の概要の把握、②介護に直面したときの相談窓口の把握の2つの事前準備を勧めています。

包括センターは介護に直面したときの地域の相談窓口です。紹介した厚生労働省の資料等を活用しながら、就業と介護の両立の課題に直面した地域住民への相談支援に備えておきます。また、自治体と協働して、地域のケアマネジャー等の支援者向けに就業と介護の両立に向けた学びの機会を持っていくようにしましょう。

図表2-3　包括センターの取り組みの実践例

取り組み	例
出張相談等による相談機会の充実	商業施設に相談会場を設置し、社会保険労務士、介護支援専門員等
	病院や診療所の協力を得て、ロビーや待合室の一角で相談会を開催
相談窓口における家族介護者のアセスメントや自己チェック等の推進	専門職が家族介護者の相談に応じる際の、心身やこころの健康、家族・介護の状況等に関するアセスメントシートの活用
	家族介護者が介護支援専門員と面談する際の、自身の体調や気持ち等について整理して適切に伝えるための自己チェックシートの活用
介護離職防止等のための他機関連携の推進	自治体の労働・経済・商工部局、ハローワーク、社会保険労務士等との連携・協働による専門的支援への引き継ぎ

図表2-4　介護と仕事の両立のポイント

職場に「家族等の介護を行っていること」を伝え、必要に応じて勤務先の「仕事と介護の両立支援制度」を利用する

介護保険サービスを利用し、自分で「介護をしすぎない」

介護保険の申請は早目に行い、要介護認定前から調整を開始する

ケアマネジャーを信頼し、「何でも相談する」

日ごろから「家族や要介護者宅の近所の方々等と良好な関係」を築く

介護を深刻に捉えすぎずに、自分の時間を確保する

Q 25 総合相談支援の基盤となるネットワークとはどのようなものですか？

A　厚生労働省「地域支援事業実施要綱」において、総合相談支援事業における「地域におけるネットワークの構築」については、以下のように記載されています。

> 地域包括支援センターは、支援を必要とする高齢者を見い出し、保健・医療・福祉サービスをはじめとする適切な支援へのつなぎ、継続的な見守りを行い、更なる問題の発生を防止するため、介護サービス事業者、医療機関、民生委員、高齢者の日常生活支援に関する活動に携わるボランティア等、地域における様々な関係者のネットワークの構築を図る。

総合相談支援では、地域住民や関係者が包括センターの機能・役割を知り、必要な相談や地域課題をつないでくれることがすべての包括センターの業務の始まりです。寄せられた相談や地域課題は包括センターのみで解決することができないため、地域の多様な社会資源、関係者、地域住民とのつながりで課題解決を進めていきます。地域におけるネットワーク構築はすべての包括センター業務の入り口であり、また支援実施上の基盤ともなります。包括センターが期待される機能を果たし得るかどうかの成否を決めるのは、この地域におけるネットワークの構築にかかっています。

さらに、厚生労働省「地域包括支援センターの設置運営について」においては、「包括的支援事業を効果的に実施するためには、介護サービスに限らず、地域の保健・福祉・医療サービスやボランティア活動、インフォーマルサービスなどの様々な社会的資源が有機的に連携することができる環境整備を行うことが重要である（法第115条の46第７項）。このため、こうした連携体制を支える共通的基盤として多職種協働による「地域包括支援ネットワーク」を構築することが必要である。地域包括支援ネットワークの構築にあたっては、①センター単位のネットワーク、②市町村単位のネットワーク、③市町村の圏域を超えたネットワークなど、地域の特性に応じたネットワークを構築することにより、地域の関係者との相互のつながりを築き、日常的に連携が図られるよう留意する必要がある」と明記されています。

「地域包括支援ネットワーク」の構築は、地域住民が住み慣れた地域で安心してその人らしい暮らしを継続していける地域包括ケアの実現、地域共生社会のための重要な基盤となります。市町村、包括センター、関係機関・団体、地域関係者は、活動地域にすでに存在するネットワークを把握して活かしていくと共に、ニーズ発見から政策・制度の改善機能に至るネットワークの持つ諸機能を意識し、今後さらに必要となるネットワーク構築に段階的に取り組むことが求められています。

図表２-５　総合相談の流れとネットワーク

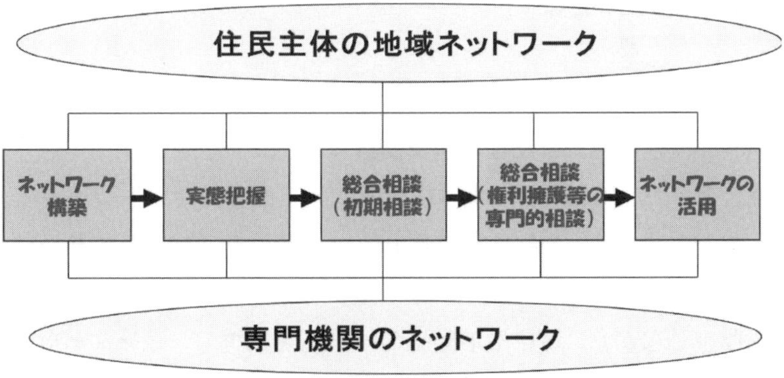

出典：日本社会福祉士会編『地域包括支援センターのソーシャルワークの実践』（中央法規出版、2006）p.43をもとに筆者作成

26 地域の関係機関・関係者との地域包括支援ネットワークはどのようにして構築していけばいいですか？

1．ネットワーク構築の目的の明確にする

ネットワークの構築は、その構築自体が目的ではなく、個人の尊厳の保持、自立支援を基盤とする「地域住民のWell-beingの実現」を目的とした1つの方法です。センター職員が、本来のこの目的を明確にしないままネットワーク構築に取り組んでしまい、職員や地域関係者が疲弊してしまわぬようにしなければなりません。まずはネットワークを構築する目的を合わせること、そして、その目的に向けて必要な基盤構築に向けて構想を立て、段階的な目標を設定し、計画的、段階的にネットワーク構築に取り組んでいきます。

2．地域にすでにあるネットワークをアセスメントする

各地域の特性に合わせた地域包括支援ネットワークを構築していきましょう。そのためにはまず、地域にすでにある既存のネットワークを把握します。地域には、これまでの歴史のなかで積み上げられてきた住民主体のネットワークや専門機関のネットワークがあります。それぞれの活動を尊重しながら、現状や活動上のニーズを把握し、センター自身が当該ネットワークにつながっていったり、必要に応じてお互いのネットワークをつなげたりしていきましょう。

新しい「創造」は、すでにあるものとあるものの組み合わせのなかから

生まれてきます。まずは地域にすでにある宝物をよくみていきましょう。

ネットワーク構築について構想を組み立てて働きかけていくことは、地域包括ケアの推進に向けた包括センターのソーシャルワーク実践の重要な機能です。自治体の総合計画、高齢者保健福祉計画、介護保険事業計画、障害福祉計画、保健・医療計画、地域福祉計画、社会福祉協議会の地域福祉活動計画などの各種計画で構想されているネットワークの内容把握や既存の取り組みとの連携も有効です。

3．地域ニーズに合わせたネットワークを構築する

地域レベルのネットワークには、以下のような、身近な隣近所レベル⇔グループレベル⇔自治会・町内会レベル⇔小学校圏域レベル⇔生活圏域レベル⇔自治体の支所圏域レベル⇔自治体全体圏域⇔医療圏域などの広域行政レベルといった空間の重層性があります。

図表2-6　個人の尊厳を支える多様なネットワーク形成

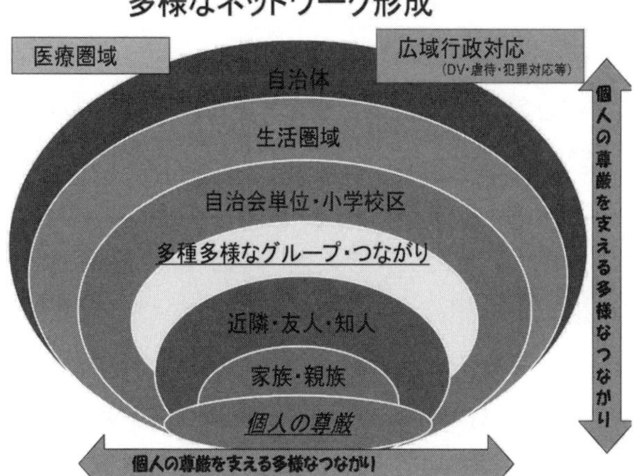

出典：筆者（山本繁樹）作成

また、現場職員から代表者レベルに至る組織間連携における職責別の重層性やサービス事業種別の重層性、医療・保健・福祉といった分野間の重層性、高齢者福祉制度、障害者福祉制度、児童福祉制度、生活困窮者支援制度といった制度間の重層性など、複数の重層性があります。ネットワークの構築にあたっては、これらのネットワークの重層性を踏まえて各層を縦横につないでいく取り組み、既存のネットワークを活かしながら互いのネットワーク間の協働関係を構築していく取り組みが求められます。ネットワーク構築機能を持った「地域ケア会議」等の地域関係者間の連携会議は、包括センターにとって重要なネットワーク構築の手段、方法となります。

一方で、センターや自治体が設ける各連携会議は、何を目的として行われているのか、地域包括ケアの実現や地域共生社会の推進に向けてそれぞれの会議がどのような機能・役割を持っているのか、開催者間で目的と課題認識を共有していくことが大切です。

４．地域住民・団体の取り組みとつながる

地域社会の主人公は地域住民です。「地域住民の心身の健康の保持及び生活の安定のために必要な援助を行うことにより、その保健医療の向上、及び福祉の増進を包括的に支援することを目的とする施設」（介護保険法第115条の46）であるセンターの職員は、「主人公は地域住民である」という基本を忘れてはなりません。

地域には、自治会、町内会、老人会、地区社会福祉協議会などの地縁組織を中心とした取り組み、ボランティア・市民活動、NPO活動などのテーマ型のグループを中心とした取り組みといった既存のネットワークがあります。社会福祉協議会等の地域福祉推進を目的とした団体と協働しながら、住民主体の活動を支援し、地域活動を推進していく取り組みが求められています。また、地域に密着している民生委員活動との連携も必須です。担当生活圏域の民生委員と信頼関係を結び、ネットワーク

を構築していくことは総合相談支援業務の推進上で必須です。

5．個別支援ネットワークと地域ネットワークの往還関係

個別事例への相談支援においては、地域のさまざまな社会資源やネットワークを活用しながらチームを形成して支援していきます。このチーム形成の過程そのものがネットワークをつくっていく過程です。ネットワークとは、要するに「互いの存在、機能を知って、互いに相談し合える関係」をつくることです。

1つの支援を通して互いに顔見知りになると、その後の連携も円滑になっていきます。つまり、地域レベルの多様なネットワークは、個別事例の相談支援を行いやすくする土台にもなるのです。個別支援の土台に地域のネットワークがありますが、地域のネットワークの究極の目的はその人らしい暮らしを実現していくことです。センター職員は、常にこの個別支援ネットワークと地域ネットワークの循環関係を意識して活動していくことが肝要です。

27 地域アセスメントを行うには どのような視点が必要ですか？

1．そもそも地域アセスメントとは何か？

包括センターは、誰もが、身近な地域でその人らしく暮らしていくことを目指す地域包括ケアの実現に向けた中核機関です。そのため、地域包括ケアは各地域の特性に合わせて創っていく必要があります。それぞれの地域の特性や実態を把握し、情報の分析や統合を通して地域の現状や課題を明確化し、今後の展望、方向性を見いだす取り組みが「地域アセスメント」です。

2．地域アセスメントの内容

市町村や市町村内の生活圏域、また、複数の自治体からなる医療圏域等には、これまでの歴史、文化、人口動態、経済・社会環境、自然環境、社会資源の状況、各種ネットワークの構築状況などの地域特性があります。これらを把握し、当該地域が持つ力や地域ニーズを明確化していく「地域アセスメント」に基づいて、地域の状況や将来予測を把握し、包括センターの各種の取り組みを推進していく必要があります。総合相談支援の土台となる地域包括支援ネットワークの構築に向けても、事前に地域アセスメントを行うことが必須です。

地域アセスメントには、地域の人口動態、高齢化の推移、世帯状況の推移、地理的状況、歴史、文化、経済動向、就労状況、住宅状況、住民意識、医療、保健、福祉、介護、教育等の各関連分野の動向や資源状況、各種の専門職ネットワークの状況や形態、インフォーマルな住民ネットワークの動向など、多数のアセスメント項目があります。これらはすでに市町村の総合計画、高齢者保健福祉計画、介護保険事業計画、地域福祉計画、社会福祉協議会の地域福祉活動計画など各種計画にも記載されていることも多くあります。まずは、基本となるそれらの自治体レベルの計画の内容を確認していきましょう。そのうえで自らの包括センターの担当する生活圏域をアセスメントしていきましょう。

3．地域の声を大切にしよう

日頃から地域住民と接し、逆に地域の多様なサポートの力に接している包括センターには、地域の困りごとや日常的な相談内容の分析から見えてくる地域ニーズが数多くあります。このような地域住民や関係者から聞こえてくる声、つぶやき、要望、希望、苦情などから、それらの背景にある地域ニーズを探りましょう。また、相談支援事例の検討や検証をしていくうえで、背景にある地域ニーズが見えてくることも多くあります。地域ケア個別会議、地域ケア推進会議などの機会も有効に活用していきましょう。

センター職員は、日頃から、徒歩、自転車、自動車等で地域を回っています。地域の風景や様子を観察しましょう。地域の声を大切にして、地域住民を真ん中において地域のことを共に考えていきましょう。関係者と共に地域の未来を考えていく姿勢が地域アセスメントをしていく原点となります。

地域を回りながら、街並みの変化や人々の様子をよく見て、声を聞きましょう。「商店街のにぎわいはどうかな」「歩く人々の様子はどうかな」「新しいマンションが建設中だな」「○○地区担当の民生委員さんだ、挨拶して話をしよう」。このように、地域の風景や様子、住民の声や関係者のつぶやきから担当地域が見えてきます。

28 「実態把握」とはどのような業務ですか？

厚生労働省の「地域支援事業実施要綱」において、包括センターが行う実態把握は以下のように記載されています。

> 構築したネットワークを活用するほか、様々な社会資源との連携、高齢者世帯への戸別訪問、同居していない家族や近隣住民からの情報収集等により、高齢者や家族の状況等についての実態把握を行うものとする。特に、地域から孤立している要介護（支援）者のいる世帯や介護を含めた重層的な課題を抱えている世帯等、支援が必要な世帯を把握し、当該世帯の高齢者や家族への支援につなげることができるように留意するものとする。

包括センターの総合相談支援では、支援を必要とする世帯の実態把握を行い、寄り添いながら生活課題を明確化していき、活用できる地域の社会資源をわかりやすく説明し、対応方法を共に考え、意思決定ができるように支援していきます。

その前提として、包括センターに求められているのは、個別の「支援が必要な世帯の実態把握」、および支援に活用できる「地域の社会資源の実態把握」といった２つの実態把握の取り組みです。支援を必要とする世帯の実態把握は、先に述べてきた地域のネットワーク形成と循環関係にあります。地域特性や社会資源を個別支援や地域支援に活かしていくために、高齢者や家族の実態把握と共に、当該地域の社会資源の特性を多面的に把握していきます。

社会資源とは、「支援に活用できる人、物、制度、サービス、資金、情報等の総称であり、人の生活を支えるあらゆるもののこと」です。総合相談支援においては、地域に存在する社会資源の①把握、②情報の整理、③活用、④改善、⑤開発、といった取り組みが求められています。地域の資源情報を収集し、その特性、利便性、質、利用可能性などを整理し、職員間の共通認識としていきます。相談者のニーズに対応して、どの社会資源が活用できるか確認し、相談者と当該社会資源とのアクセス方法の確認、相談者の理解力や自ら取り組める力に応じた資源活用のサポートやフォローアップ等の過程は、総合相談支援において最も重要な取り組みです。

Column　社会資源報のマップ化、リスト化

社会資源のマップ化、リスト化は、「在宅医療・介護連携推進事業」や「生活支援体制整備事業」における生活支援コーディネーターの活動などを通して取り組まれている場合も多くあります。また、社会福祉協議会、ボランティア・市民活動センターなどは、地域の住民活動やサロン活動、ボランティア・市民活動のリスト化に取り組んでいて、そのリストをホームページなどに掲載していることもよくあります。地域にすでにマップ化、リスト化されているものがあるかどうか確認し、活用していきます。

必要とされる社会資源報のマップ、リストがない場合は、包括センターが市町村や関係機関・団体と協働して作成に取り組んでいくことも考えられます。

29

「実態把握」にはどのような工夫が必要ですか？

「実態把握」において、特に留意すべきポイントは以下の点です。

①市町村（保険者）と包括センターの実態把握を組み合わせる
②分析結果は市町村（保険者）や他の包括センターと共有して、地域包括ケアの推進に活用する
③実態把握を踏まえた地域のニーズキャッチと予防的な相談支援に取り組む

実態把握には、市町村が保険者として実施する実態把握と包括センターが担当圏域において行う実態把握があります。

1．市町村（保険者）の行う実態把握

実態把握の方法として、市町村職員や委託による訪問調査、郵送調査、民生委員などの協力による訪問調査などがあります。高齢者保健福祉計画や介護保険事業計画の策定準備作業としても世帯の全数調査や抽出調査による推計などが実施されます。

2．包括センターが行う実態把握

担当する生活圏域の実態把握を行います。総合相談支援業務全般を通じた相談事例の内容分析、および窓口の来所相談、訪問相談等で実施する基本チェックリストの実施結果を分析して実態把握を行うこともできます。また、介護予防ケアマネジメント業務、権利擁護業務、包括的・継

続的ケアマネジメント支援業務といった各業務の実践のなかからも各事例の分析等から担当圏域の高齢者や世帯の状態像（単身世帯が多い、高齢の介護者が多いなどの状況）にどのような傾向がみられるのか探ります。分析結果は市町村や他の包括センターと共有して、地域包括ケアの推進に活用していくことが大切です。

紙媒体のみではなくSNSを活用しての情報を受発信するなど、センター機能の周知や情報が寄せられやすくする工夫も必要です。いずれの場合も個人情報保護に注意を払います。

自治体全域や包括センターの担当する生活圏域の実態把握は、ニーズ把握による施策展開、社会資源づくり、フレイル予防、社会的孤立の進行前の予防的なつながりづくり、予防的な相談支援において重要な取り組みとなります。

特に、8050世帯、ダブルケアやヤングケアラー等、相談先の情報を自らは持たないままに社会的孤立状況におかれてしまうような複合的な課題を抱えた世帯が増加している状況のなか、地域の実態把握の多様な方法の工夫と、実態把握を踏まえた地域のニーズキャッチと予防的な相談支援の取り組みがますます重要度を増しています。

8050世帯やヤングケアラー等の実態把握のためにも、ケアマネジャーや医療・介護関係者などの在宅ケア関係者、スクールソーシャルワーカー、民生委員・児童委員などの世帯状況を把握しやすい関係者と共に「制度の挟間に陥りがちな事例への支援方法」について共通認識を持つための互いの学びの機会や研修会を開きましょう。

Q30 センター内のチームアプローチのために留意することはどのようなことですか？

A チームアプローチにおいて、特に留意すべきポイントは以下の点です。

①多職種のチームアプローチは包括センターの基本。各専門職の専門性の発揮に基づいて協働する

②地域包括ケアの推進による「地域住民のWell-beingの実現」という目的を常に職員間で確認する

③定期的なミーティングや会議の実施など職員間での適切なコミュニケーションを図る

1．包括センターにおけるチームアプローチ

包括センターに配属された多職種のチームアプローチは制度発足当初から基本とされています。チームアプローチが行えていると、「仕事のやりがい」「業務上の相談助言環境の満足度」「個別援助活動の自己評価」が高くなることが示唆されています※。今後のセンター活動の推進のためにも、センター内での職員間のチームアプローチに基づいた業務を推進していきましょう。

同時に、各専門職の専門性の発揮に基づいた協働を行います。社会福祉士、保健師・看護師、主任介護支援専門員といった各専門職がそれぞれの専門性を発揮しつつ、「地域住民のWell-beingの実現」という目的を常に職員間で確認していくことがチームアプローチの土台になります。目的を共有して力を合わせていくことで、チームの力も向上していきます。

自治体内に複数のセンターがある場合、各専門職間の連携会議を開催することもセンター間のネットワーク構築や専門性を高めるうえで有効です。そして、連携会議での検討内容をセンター内でフィードバックし、情報共有することは、チームアプローチに基づく業務推進のために重要です。センター配属の各専門職が、互いの専門性に学び合うことで、包括センターのすべての業務に習熟していく視点を持てば、センター全体の相談支援力の向上を図ることもできます。

2．チームアプローチ推進のための工夫

チームアプローチの推進のためには、センター内での定期的なミーティングや会議の実施、職員間での適切なコミュニケーションの推進を図ります。

チームアプローチができているといわれているセンターでは、朝礼や夕礼での情報共有、互いの事例共有の時間の確保、定期的なミーティング開催による互いのフォローアップ、センター長による個別面談によるコーチングなど、各専門職の仕事をひとり仕事にしない工夫や職員間のコミュニケ―ション促進に常に配慮しているものです（コラム参照）。この体制を実現するために、包括センターの受託法人の組織的なバックアップ体制や運営協議会による支援体制といった環境整備が必要です。

包括センターはネットワークを活用しながら地域における多様なチームと協働し、必要に応じて地域に新しいチームを形成していく働きかけを行います。センター内のチームアプローチと共に、地域ニーズに応じた多様な関係者の多様な支援チームの形成の繰り返しが包括センターの仕事です。

※東京社会福祉士会地域包括支援センター委員会『地域包括支援センター・在宅介護支援センター社会福祉士相当職員　実態調査報告書』(2007)

Column　チームアプローチは気持ちのよい挨拶から

Ｙセンターでは、毎朝の定時ミーティングで前日からの引き継ぎ事項や各職員のその日の予定を報告し、互いに必要な連携を確認し合っています。センター長が事例対応や業務の確認ポイントを端的に確認し、専門性に基づいて職員間で助言し合い、協働体制をつくっています。また、支援困難な状況になっている事例の検討やセンター全体で取り組む業務の進捗確認などは週１回の定例ミーティングで行っています。

センター全体で「気持ちのよい挨拶」が励行されており、来所者や事業者への丁寧な対応はもちろん、職員間でも挨拶や必要時の声掛けが慣例となっています。「チームアプローチ」は「気持ちのよい挨拶から」がＹセンターの伝統です。

31

地域への働きかけのためには どのようなことが必要ですか？

A　地域への働きかけ、地域レベルへの取り組みは総合相談支援業務の基盤かつ入り口であり、支援実施上の基盤ともなります。しかし、センター職員は、個別支援に比較すると地域への働きかけに苦手意識を持っている現状が調査研究結果で示されています※。これまで述べてきたとおり、包括センターの総合相談支援業務においては、地域のさまざまな関係機関・団体、地域住民とネットワークを構築し、ネットワークから相談が入り、その相談の課題解決を、ネットワーク活用により進めていくことが必要です。そのためには地域への働きかけの苦手意識を乗り越えて、地域の多様な関係者との顔を合わせたネットワーク構築を行い、地域レベルの取り組みを強化していきましょう。

センター単独ですべての多様な取り組みを行うのは不可能です。そこで、地域にすでにある人財、社会資源の宝物をしっかりと見て、各団体の活動の得意分野を活かしたうえで任せていきます。そのためには、地域の各種関係機関、団体、住民による福祉活動、互助活動、各種グループの多様な取り組みなど、広く地域社会を見渡すことです。

社会福祉士会などの各種職能団体の取り組みを活用して、地域を基盤としたソーシャルワーク実践を職員が学ぶ機会もつくります。センター職員は幅広く地域を基盤とした実践により習熟していきましょう。

※日本社会福祉士養成校協会『地域における包括的な相談支援体制を担う社会福祉士の養成のあり方及び人材活用のあり方に関する調査研究事業』（2017）

32 「地域共生社会の観点に立った包括的な支援」には何が必要ですか？

A 「地域共生社会の観点に立った包括的支援」には、課題解決に向けた支援のみならず、つながり続ける伴走支援が必要です。同時に、支援の基盤となる地域包括支援ネットワークの形成が必要となります。

厚生労働省の地域支援事業実施要綱においては、包括センターの総合相談支援業務の事業内容の１つである「地域共生社会の観点に立った包括的な支援の実施」について、以下のように記載されています。

> 社会福祉法（平成26年法律第45号）が平成29年に改正され、複合化・複雑化した課題を抱える個人や世帯に対する適切な支援・対応を行うため、包括センターを含む相談支援を担う事業者は、相談等を通じて自らが解決に資する支援を行うことが困難な地域生活課題を把握した場合には、必要に応じて適切な支援関係機関につなぐことが努力義務とされたところである。（同法第106条の２）総合相談支援の実施にあたっては、他の相談支援を実施する機関と連携するとともに、必要に応じて引き続き相談者とその世帯が抱える地域生活課題全体の把握に努めながら相談支援に当たることが望ましい。

包括センターにおける実践では、地域共生社会の観点に立った包括的な支援を行うべき複合的な相談支援事例が増加しています（図表２－７）。

包括センターの総合相談支援の機能は、地域共生社会の形成の観点からも重要です。一方で、多様な複合的課題のある事例への対応においては、センター単独での対応は困難です。地域包括支援ネットワークを活用し、各分野の相談窓口、専門職、民生委員、地域住民とのネットワークなどを活用して、分野横断、制度横断的な取り組みを行っていきます。

図２-７　分野横断の支援が必要な相談支援

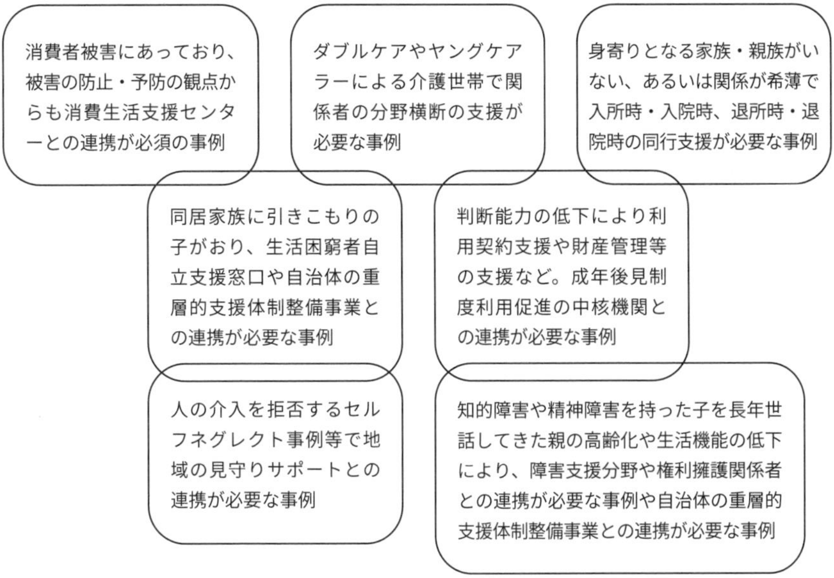

消費者被害にあっており、被害の防止・予防の観点からも消費生活支援センターとの連携が必須の事例

ダブルケアやヤングケアラーによる介護世帯で関係者の分野横断の支援が必要な事例

身寄りとなる家族・親族がいない、あるいは関係が希薄で入所時・入院時、退所時・退院時の同行支援が必要な事例

同居家族に引きこもりの子がおり、生活困窮者自立支援窓口や自治体の重層的支援体制整備事業との連携が必要な事例

判断能力の低下により利用契約支援や財産管理等の支援など。成年後見制度利用促進の中核機関との連携が必要な事例

人の介入を拒否するセルフネグレクト事例等で地域の見守りサポートとの連携が必要な事例

知的障害や精神障害を持った子を長年世話してきた親の高齢化や生活機能の低下により、障害支援分野や権利擁護関係者との連携が必要な事例や自治体の重層的支援体制整備事業との連携が必要な事例

Column　社会資源の「開発」は小さなことから

社会資源の「開発」と聞くと、制度やサービスを新たにつくらなければいけないような大きなことを考えがちになりますが、地域の実践現場では周囲の小さなことに目を向けることから始まります。

ある市では、社会福祉協議会の地域福祉コーディネーターと協働して、地域の健康体操のグループやサロン活動の立ち上げのサポート、多世代交流の場ともなっている子ども食堂の取り組みのサポート、認知症カフェの新たな立ち上げなど、多様な地域の居場所づくりの提供を促進しています。このような小さな人々のつながり形成の積み上げが地域包括ケアの土台につながります。

一方で、自治体全域レベルの地域ケア会議や地域包括支援センター運営協議会などの場を活用して、一般福祉施策や介護保険関連サービスの開発や改善を提言していくソーシャル・アクションの視点も重要です。包括センターは、住民の相談に実際に対応し、豊富な実例を持っている実践現場の力を有効に活用して、地域住民のために必要な提案や提言をしていきます。そのためにも、保険者や地域内のセンターが協働して、相談ニーズの内容の分析、傾向の整理や分類ができるように、日々の活動実績を記録していく手法の共通化をしておきましょう。

第3章

権利擁護

Q33 包括センターの業務になぜ「権利擁護」が含まれるのですか？

A 年を重ねても自分らしい暮らしや生き方を続けたい、人として当たり前の思いや権利を尊重すること（権利擁護）は包括センターの業務の核となります。

そもそも包括センターの開設時に選ばれた業務は、いずれも2015年以降のわが国の社会背景に対応したものとなっています。少子高齢化が進み、認知症高齢者が増える、高齢者の単身世帯が増える等により、高齢期の権利侵害のリスクの高まりが想定され、包括センターの業務に「権利擁護」が含まれることとなったのです。

なお、包括センターは、高齢者虐待防止法により役割を位置づけられているため、高齢者虐待への対応においても中心的な働きを担うことになります。加えて、包括センターが支援に関わる事例においては、同一世帯内に障害者虐待、児童虐待、DVが同時に起こることもあります。そのため、包括センター職員は、虐待関連他法についても概要を理解しておくとよいでしょう。

相談者からは、「なんでも年のせいと言われる。年なんてとるものじゃないね。長生きなんてしなければよかった」という声もあります。

老年医学者のロバート・バトラーにより提唱された「エイジズム」という概念があります。これは、単に年をとっているという理由で高齢者を１つの型にはめ、差別することと定義づけられています。ひとくちに高齢者といっても、心身機能が一律に低下するわけではなくその状態像には多様性があるはずです。しかしながら、年齢だけを理由に、就業や賃貸契約、積極的治療や社会参加の機会を得られないケースもあります。

さらに、認知症などなんらかの理由により判断能力が低下した場合はなおさらです。以下に、高齢期に遭遇しやすい権利侵害の例を挙げました。

高齢者虐待／特殊詐欺被害／悪徳商法被害／セルフネグレクト／ご近所トラブル／孤立死／年齢や保証人問題での住居の確保困難／身寄りがいない人の支援困難／人生の最終段階の意思決定の困難／介護事故／遺言や遺産分割／自殺予防／高齢刑余者

「老いては子に従え」という江戸いろはかるたにも収録されている有名なことわざがあります。年老いたら子どもにすべてを任せたほうがよいという意味です。しかし、本当にそんな生き方が必要なのでしょうか。高齢となっても、日本国憲法第13条に規定される個人の幸福追求権も、それに伴う自己決定権も決して失われることはなく、すべての人に保障されるべきであることに変わりはありません。また、介護保険法第1条にも「尊厳の保持」が掲げられています。「住み慣れた地域で尊厳ある生活と人生を維持することができる」という、人として当たり前の願いを支えていくという視点が、センターの職員には求められます。

Q 34 高齢者虐待とはどのようなことですか？

A 高齢者虐待防止法では、高齢者虐待を高齢者の人権を侵害するものとして定義しています。代表的な例として、次のいずれかに該当する行為を挙げています。

i　身体的虐待：高齢者の身体に外傷が生じ、又は生じるおそれのある暴力を加えること。
ii　介護・世話の放棄・放任：高齢者を衰弱させるような著しい減食、長時間の放置、養護以外の同居人による虐待行為の放置など、養護を著しく怠ること。
iii　心理的虐待：高齢者に対する著しい暴言又は著しく拒絶的な対応その他の高齢者に著しい心理的外傷を与える言動を行うこと。
iv　性的虐待：高齢者にわいせつな行為をすること又は高齢者をしてわいせつな行為をさせること。
v　経済的虐待：養護者又は高齢者の親族が当該高齢者の財産を不当に処分することその他当該高齢者から不当に財産上の利益を得ること。

わが国では、年代を問わず、虐待に関するニュースが後を断ちません。2000年に児童虐待防止法、2001年にDV防止法が施行され、3つ目の虐待に関する法律として、2006年4月に、「高齢者に対する虐待の防止、高齢者の養護者に対する支援等に関する法律」（以下「高齢者虐待防止法」）が施行されました。第1条（目的）において、わが国の高齢者に対する虐待が深刻な状況にあり、高齢者の尊厳の保持にとって高齢者に対する虐待を防止することが極めて重要であることが明記されています。

「高齢者」とは65歳以上の者をいいます（2条1項)。ただし、65歳未満の者であっても一定の条件下でみなし規定が適用されます。また、高齢者虐待防止法では、高齢者虐待を①養護者[※1]による高齢者虐待、および②養介護施設従事者等[※2]による高齢者虐待に分けています（2項)。そして、この法律において「養護者による高齢者虐待」とは、左の表のいずれかに該当する行為をいうと定義しています。

※1：養護者とは､｢高齢者を現に養護する者｣のこと。高齢者を養護している（あるいは養護することが期待される）同居や近居の親族等を差します。

※2：高齢者虐待防止に定める「要介護施設従事者等」の範囲

	養介護施設	養介護事業	養介護施設従事者等
老人福祉法による規定	●老人福祉施設 ●有料老人ホーム	●老人居宅生活支援事業	「養介護施設」または「養介護事業」(※)の業務に従事する者
介護保険法による規定	●介護老人福祉施設 ●介護老人保健施設 ●介護療養型医療施設 ●介護医療院 ●地域密着型介護老人福祉施設 ●地域包括支援センター	●居宅サービス事業 ●地域密着型サービス事業 ●居宅介護支援事業 ●介護予防サービス事業 ●地域密着型介護予防サービス事業 ●介護予防支援事業	

(※) 業務に従事する者とは、直接介護サービスを提供しない者（施設長、事務職員等）や、介護職以外で直接高齢者に関わる他の職種も含みます（高齢者虐待防止法第2条)。

なお、高齢者虐待防止法に規定する定義に該当するか、判別しがたい事例であっても、高齢者の権利が侵害されている、生命や健康、生活に支障をきたすような事態が予測されるなど支援が必要な場合には、高齢者虐待防止法の取り扱いに準じて必要な援助を行っていくことが求められます。さらに、法定外の高齢者住宅においても、拡大解釈を行い、同法を適用した支援が検討される場合もあります。

Q 35 高齢者虐待の発生件数はどのくらいですか？

A 厚生労働省は、高齢者虐待防止法施行以来、毎年度、高齢者虐待実態調査の結果を公表しています。この調査は、2007 年度から高齢者虐待防止法に基づき全国の市町村や都道府県で行われ、高齢者に対する虐待への対応状況をまとめたものです。以下、「令和３年度「高齢者虐待の防止、高齢者の養護者に対する支援等に関する法律」に基づく対応状況等に関する調査結果」から抜粋します。

2021 年度、高齢者虐待と認められた件数は、養介護施設従事者等によるものが 739 件、養護者によるものは 16,426 件でした。2006 年当初から 2020 年度までを比較すると、養護者によるものは 1.3 倍、要介護施設従事者によるものに至っては、13.7 倍の増加がみられます。そして、相談・通報件数については、さらに増加幅が大きく、高齢者虐待への社会的関心があがってきていることがうかがえます。

図表３-１　養介護施設従事者等（左）、養護者（右）による高齢者虐待の相談・通報件数と虐待判断件数の推移

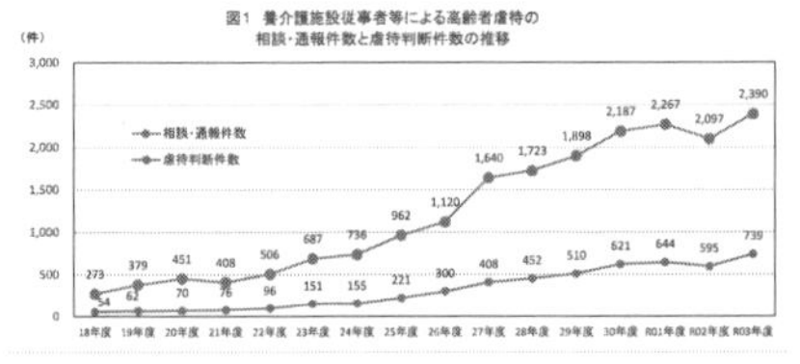

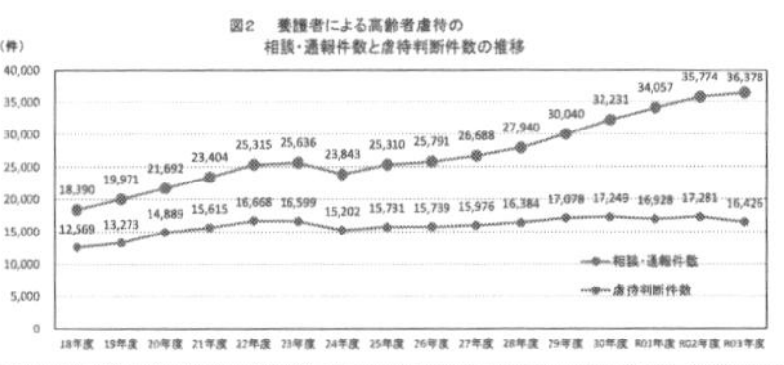

出典：厚生労働省「令和3年度「高齢者虐待の防止、高齢者の養護者に対する支援等に関する法律」に基づく対応状況等に関する調査結果」2ページより抜粋

36 高齢者虐待の実態はどうなっていますか？

A 下の１～４は、包括センターが業務上で多く関わる、在宅高齢者の養護者による高齢者虐待に絞って傾向をまとめたものです。

高齢者虐待対応に携わる者は、実態を把握し、この実態から発生の要因や因子への理解を深め、対応や予防に向けた支援体制づくりへつなげていくことが求められています。

１．相談・通報者

相談・通報者38,850人のうち、「警察」が12,695人（32.7%）で最も多く、次いで「介護支援専門員」が9,681人（24.9%）、「家族・親族」が3,095人（8.0%）。

２．事実確認の状況

相談・通報件数のうち、市町村が事実確認を行った事例35,187件（94.1%）のうち、「訪問調査」が22,218件（59.4%）、「関係者からの情報収集」が12,789件（34.2%）、「立入調査」が180件（0.5%）。

３．虐待の発生要因

虐待者の「認知症の症状」が9,038件（55.0%）、虐待者の「介護疲れ・介護ストレス」が8,615件（52.4%）。虐待者の続柄は、息子、夫、娘の順です。

４．虐待の内容

被虐待高齢者は「女性」の割合が多く（75.6%）、要介護認定「認定済み」（68.0%）、要介護認定者のうち、認知症を有する人が多くいました（Ⅱ以上 72.2%）。養護者による被虐待高齢者の総数 16,809 人のうち、虐待の種別では「身体的虐待」が 11,310 人（67.3%）で最も多く、次いで「心理的虐待」が 6,638 人（39.5%）、そして、「介護等放棄」3,225 人（19.2%）、「経済的虐待」2,399 人（14.3%）と続きます。

出典：厚生労働省「令和３年度「高齢者虐待の防止、高齢者の養護者に対する支援等に関する法律」に基づく対応状況等に関する調査結果（添付資料）」

Q37 高齢者虐待対応に求められる包括センターの役割は何ですか？

A 2006年4月より高齢者虐待防止法が施行され、市町村が養護者による虐待に対応していくことが定められました。高齢者虐待対応では、第一義的な責任は市町村にあることを前提としつつ、一部の業務を包括センターに委託できます（高齢者虐待防止法第17条）。どの業務をどのように委託するかは、市町村ごとの規定に沿って行われます。

高齢者虐待防止法に規定されている委託できる事務の一覧

①高齢者や養護者への相談、指導及び助言（第6条）
②高齢者虐待に係る通報又は届出の受理（第7条、第9条）
③高齢者の安全確認などの事実の確認のための措置（第9条）
④養護者の負担軽減のための措置（第14条）

高齢者虐待対応における市町村および包括センターの具体的な役割については、法施行時に厚生労働省が作成した「市町村・都道府県における高齢者虐待への対応と養護者支援について」がいわゆる国マニュアルであり、虐待対応事務の基本として活用されています。高齢者虐待対応時における包括センターの役割の代表例は以下のとおりです。

事例

○Ａ市では、高齢者虐待の通報窓口を包括センターとして周知している（相談・通報・届け出への対応）
○Ｂ町では、包括センターが、高齢者虐待防止研修の主催、運営と、虐待に関する知識・理解の啓発を行っている（広報・啓発活動）

○C村では、高齢者虐待通報を受理したあと、関係機関からの情報収集や訪問調査を主に包括センターで担っている（事実確認）
○D市では、毎年度、包括センターと市が関係機関と共に高齢者虐待防止連絡会を開催し、高齢者虐待防止ネットワークの構築・運営を行っている（ネットワーク）
○E町では、町と相談しながら、包括センターが高齢者虐待個別ケース会議を開催（関係機関の招集）し、支援方針等の決定や支援計画の作成を行っている（援助方針の決定）

このように、包括センターは、高齢者虐待対応において、通報窓口としても、対応協力機関としても、中核的な役割を担うことが多いです。しかしながら、既述のとおり、高齢者虐待対応の責任主体はあくまで市町村にあります。任せきりにされていないかを点検しながら、高齢者の権利利益の擁護という目的に向けて、よりよい協力体制を整備していきましょう。

市町村と包括センターがいかに協力体制をつくれるかが、高齢者虐待対応の肝になります。目標が共有できているか、マニュアルなど協力が仕組みとして整備できているか、などを点検してみましょう。

38 高齢者虐待対応における市町村の権限にはどのようなものがありますか？

A 高齢者虐待対応は、児童虐待やDVへの対応と同じように、緊急性や深刻度が高いと判断されれば被虐待者保護のために市町村権限を発動する状況が想定されます。では、高齢者虐待における「市町村権限」にはどのようなものがあるのか、以下がその代表的な例です。

高齢者虐待防止法からみる市町村権限の行使

①老人福祉法上のやむを得ない事由による措置およびそのための居室の確保（法第９条第２項、第 10 条）
②成年後見制度の市町村長申し立て（法第９条第２項）
③立入調査および警察署長への援助要請（法第 11 条、第 12 条）
④面会制限（法第 13 条）

次に、これらの権限が行使される代表的な場面は以下のとおりです。

①虐待者の暴力がエスカレートし、高齢者が保護を求めている。また、生命が危ぶまれる状況があり、緊急的に分離が必要と判断され、ショートステイ施設に保護した。

②虐待者が高齢者の通帳を管理し使い込んでいる。生活費の確保はもちろん、必要な医療やサービスの利用もできていない。高齢者は認知症のため判断能力の著しい低下がみられ、成年後見制度の市町村長申し立てを行った。

③虐待通報を受け、包括センターの職員が何度も訪問するが、虐待者の拒否があり高齢者に会わせてもらえない。中からうめき声が聞こえ、深刻な状況が予測され、猶予がないと判断、警察署長へ援助要請する

とともに、立ち入り調査を行った。

④①の事例において、虐待者が窓口や施設に怒鳴り込み、高齢者を連れて帰るので居場所を教えろと訴えている。高齢者の保護の観点から面会制限を行うこととした。

以上のとおり、市町村権限の行使は、多くの場合は強制力が高く、高齢者や虐待者にも精神的な負担を強いる対応となります。厚生労働省「市町村・都道府県における高齢者虐待への対応と養護者支援について」では、確認された事実に基づいて、市町村担当部局の管理職を含む複数人のコアメンバーで会議を開催し、協議決定することが重要であると指摘されています。また、トラブルを回避するためにも、できる限り、高齢者や虐待者にも事前に説明し、判断の根拠を記録として明確に残しておくことが求められます。

Column　やむを得ない事由による措置の例

公園のベンチでＡさん（男性 80 歳代）が横たわっているところを通りかかった近隣住民が発見し、包括センターに通報しました。通報を受理した包括センター職員が駆けつけると、Ａさんは低体温の状態であり、体中にあざがみられ、身体的虐待とネグレクトが疑われる状態でした。Ａさんと共に自宅へ行くと、Ａさんの息子は施錠された家屋内から、「あいつが勝手に家を出ていったんだ。ばかやろー」と叫ぶばかりで、話し合いに応じる気配がありませんでした。

包括センターと市役所と協議した結果、緊急性を考慮し、Ａさんを、やむを得ない事由による入所措置とすることにしました。その後、養護者である息子とも面接したうえで、別居の娘に契約者として協力してもらい、介護保険による契約入所へと移行しています。

39 高齢者虐待通報を受けたら、そのあとはどのような流れになりますか？

A　「もしかして、虐待かもしれない」と、高齢者虐待が疑われる状況を発見した場合には、通報、もしくは相談や届出が、受託している包括センターに入ります。通報を受けてからの流れは、厚生労働省のマニュアルや市町村ごとにあらかじめ作成している手順に沿って、主に３つの段階ごとに展開していきます。なお、高齢者虐待対応における市町村との連携・協働のあり方は、委託契約内容によって差異が生じますが、高齢者虐待防止はすべての包括センターに共通する業務です。

以下に、通報受理後の高齢者虐待対応について、国マニュアルの説明に段階ごとの主な動きをまとめました。

段階	主な動き
初動対応	•高齢者の生命・身体の安全確保が目的 •高齢者虐待を疑わせる相談・通報・届け出を受け付けた後、コアメンバー会議で虐待の有無と緊急性の判断を行い、その判断に基づいて作成され対応方針に沿って行われた一連の対応の評価を行うまで
対応段階	•高齢者の生命・身体の安全確保を常に意識しながら、虐待の解消と高齢者が安心して生活を送る環境を整えるために必要な対応を行うことが目的 •虐待と認定した事例に対して、次の循環を繰り返す
終結	•「虐待が解消されたと確認できること」が最低要件 •虐待の解消が、高齢者が安心して生活を送ることにつながるのかの見極めが必要 •虐待がない状態で、高齢者が安心して地域で暮らすために、権利擁護対応（虐待対応を除く）や包括的・継続的ケアマネジメント支援への移行が必要

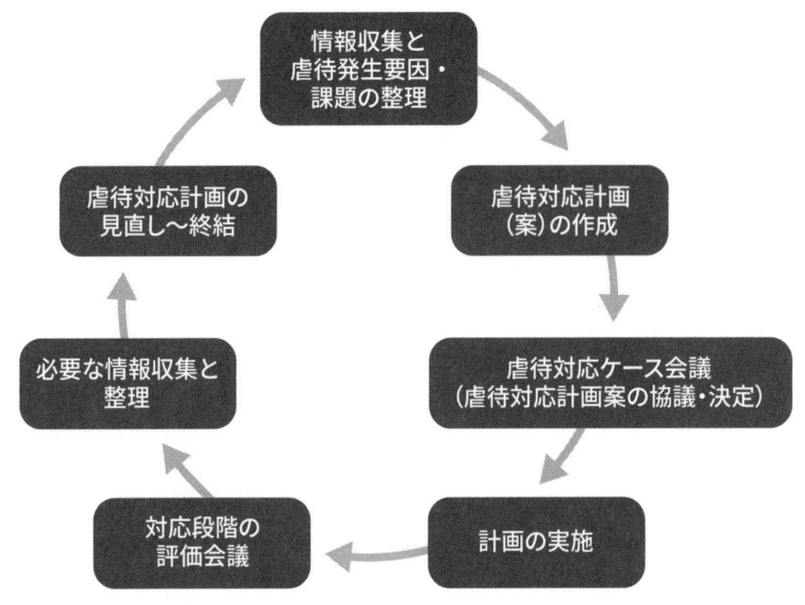

Column　虐待対応マニュアルを活用したネットワークの例

Ａ市では、前年度に高齢者虐待対応マニュアルを作成し、市役所と包括センター間で共有してきました。一方で、Ａ市では高齢者虐待通報件数が減少しており、これを単に虐待事案の減少ととらえればよいのか、それとも他の理由があるのか、市と包括センターで疑問の声が上がっていました。

そこで、本年度の市主催の定例高齢者虐待防止研修の際、通報者として想定されるケアマネジャー等に向けても市の高齢者虐待対応マニュアルの周知を図ることとし、その後、マニュアルに関する意見交換の場を設けました。意見交換では、「通報したあとのことがわからず通報をためらっていた」「通報というと、告げ口みたいで怖かった」などの率直な意見を聞くことができ、通報後の流れの共有の大切さを改めて実感しました。

40 高齢者虐待防止法にある「養護者支援」とは何ですか？

A 虐待が許されない行為であるのは揺るがない事実です。しかし、高齢者虐待防止法では、虐待をする養護者への支援も含まれているのが特徴です。虐待防止の観点から養護者の負担軽減のため、養護者に対する相談、指導および助言その他必要な措置を講じることが規定されているのです（第14条）。養護者も何らかの支援が必要な状態にありながら、必要な支援が講じられていない支援対象者と捉えます。つまり、虐待をする養護者を含め、家族全体への支援を通して、高齢者の権利利益の擁護を志向していくという視点が必要なのです。

養護者支援におけるポイントは、次の３つです。

①高齢者と養護者の支援担当者を分ける

②養護者を罰するのではなく、養護者の思いに傾聴

③虐待に至る背景や要因の適切な分析

１．高齢者と養護者の支援担当者を分ける

高齢者と養護者は、家族であっても違う人格をもつそれぞれの固有の人です。思いやニーズ、課題が異なるのはもちろん、虐待対応時には葛藤関係にあることも多いです。そのため、初めにそれぞれの支援担当者を分けておく必要があります。そのうえで、両支援者がチームとして連携・協働していくことが求められます。なお、虐待状況が深刻かつ緊急性が高い場合は、高齢者の安全の確保が優先されることに変わりはありません。

2．養護者を罰するのでなく、養護者の思いに傾聴

高齢者虐待に至る養護者は、「虐待をせざるを得ない」ところまで追い込まれており、周囲がすべて敵に見えてしまい、支援を拒否する態度を見せることも少なくありません。したがって、養護者の思いを受け止め、理解しようとする態度が大事です。いきなり批判したり責めたりすることはせず、まずは苦労をねぎらい、これまでのがんばりを認めましょう。

3．虐待に至る背景や要因の適切な分析

虐待通報は、SOSの代弁だと表現されます。養護者の困りごとや関心事を入り口とし、そこから支援の幅を広げていくことが求められます。虐待に至る背景や要因を紐解くことで、養護者の置かれている限界を超えた介護疲れや過酷な生活状況が明らかになることもあります。これらの要因を一つひとつ分析し、養護者に対して適切な支援を行うことで、高齢者に対する虐待対応にもつながっていきます。

高齢者虐待の通報は「SOSの代弁」。声にならないSOSは養護者にもあるのです。「虐待をせざるを得なかった」思いや経緯を紐解くことが養護者支援の第一歩です。

41

高齢者虐待対応にあたり、気をつけることは何ですか？

A　厚生労働省のマニュアルでは、高齢者虐待対応にあたって留意事項を７点に整理しています。

①虐待に対する「自覚」は問わない
②高齢者の安全確保を優先する
③常に迅速な対応を意識する
④必ず組織的に対応する
⑤関係機関と連携して援助する
⑥適切に権限を行使する
⑦記録を残す

高齢者虐待対応は、１人の支援者や、包括センターだけといった１つの組織での対応では困難であり、限界があります。第一義的に責任主体を有する市町村と適切に連携・協働をしながら、通報受理から終結までの各過程において、チームでの支援を行っていく必要があります。そのために、日頃から、虐待防止段階からのネットワークを構築しておくことが求められます。

Q42 高齢者虐待は予防できますか？

A　高齢者虐待に至るきっかけや要因を分析し、その予防に努めていきましょう。実際、高齢者虐待に至る要因は複合的であり、ケース・バイ・ケースですが、共通するリスクのいくつかは明らかになっています。

厚生労働省が毎年発表している「高齢者虐待の防止、高齢者の養護者に対する支援等に関する調査結果」によると、養介護施設従事者等における高齢者虐待の主な発生要因は「教育･知識･介護技術等に関する問題」であり、これを防止するために、高齢者虐待防止や認知症ケアに対する理解を高める研修の実施を促すなど、管理者と職員が一体となった取り組み推進の重要性が指摘されています。また、養護者による高齢者虐待の要因分析でも、虐待を受けている高齢者の７割にみられる認知症や認知症による行動・心理症状（BPSD）への正しい知識や対応技術や環境整備の不足が、リスクとして浮き彫りになっています。加えて、地域社会の認知症への偏見や無理解は、高齢者や養護者を容易に傷つけ、孤立させ、高齢者虐待を生み出す温床となりかねません。

高齢者虐待問題の究極的な目標は、虐待を予防し、未然に防ぐことです。そのためには、高齢者や養護者だけではなく、国民一人ひとりが、家庭内における権利意識を高め、認知症や介護に関する正しい理解を深め、介護保険制度等の利用促進を通して介護の負担を軽減し、地域社会での孤立化の防止などに取り組んでいく必要があります。つまり、包括センターの一つひとつの高齢者支援業務が、高齢者虐待予防に確実につながっているのです。

43 セルフ・ネグレクトへの支援は包括センターの業務の範囲ですか？

A　「セルフ・ネグレクト」とは、介護・医療サービスの利用を拒否するなどにより、社会から孤立し、生活行為や心身の健康維持ができなくなっている状態のことです。たとえば、以下のような状態が考えられます。

・家の前や室内にごみが散乱したなかで暮らしている
・極端に汚れている衣類を着用していたり、失禁があっても放置していたりしている
・壁などに穴が開いていたり、構造が傾いていたりする家にそのまま住み続けている
・生活に必要な最低限の制度、介護、福祉サービスの利用を拒否する
・重度のけがを負っている、あるいは治療が必要な病気があるにもかかわらず、受診・治療を拒否する
・高齢者の言動や生活、住環境により、近隣住民の生命・身体・生活・財産に影響がある

出典：あい権利擁護支援ネット「セルフ・ネグレクトや消費者被害等の犯罪被害と認知症との関連に関する調査研究事業報告書」

セルフ・ネグレクトは直訳すると「自己放任」です。つまり、「自分で自分の権利を護ることができなくなっている状態」です。その背景や要因としては、認知症や精神疾患等による精神心理的な要因、身近な人の死やリストラなどの喪失体験、経済的困窮、人間関係のトラブルや孤立、強いプライドの高さや遠慮等、複数指摘されています。

セルフ・ネグレクトは、高齢者虐待防止法の対象となってはいませんが、「市町村や地域包括支援センターにおける高齢者の『セルフ・ネグレクト』及び消費者被害への対応について」(平成27年老推発0710第2号)では、高齢者虐待に準じる対応を行っている実態があることを示しています。この通知では、さらに市町村がセルフ・ネグレクト状態にある高齢者に対応できる関係部署・機関との連携の構築に努めるとされていて、包括センターがその支援の中心的な担い手として期待されています。

支援には困難が伴いますが、生命・身体に重大な危険が生じるおそれや、ひいては孤立死に至るリスクも抱えています。時間がかかっても、本人との関係構築をあきらめず、働きかけを続け、地域ケア会議等での関係機関との連携のもと、高齢者本人がもつ特性や生活歴の理解を深めながら、「支援してほしくない」「困っていない」という拒否的な態度や言葉の背景に思いを寄せ、丁寧な意思決定支援を行っていきましょう。

周りからみた「困った人」は、本人からすると「困っている人」なのかもしれません。本人が言う「困っていない」という言葉の向こう側に思いを馳せることから、セルフ・ネグレクト支援は始まります。

Q44 判断能力が低下した人への支援としてどのような制度が利用できますか？

A　「いつかは判断する力が落ちるかもしれない。そうなったら、どうしたらいいのか」という不安は、誰にもあるものです。2000年に開始された介護保険制度では、サービス利用に対し、これまで措置としていたところを契約という制度に移行し、自分のことを自分で決めていくという理念が広がりました。その反面、判断能力が低下した際の不安が浮き彫りになりました。

認知症等の理由により判断能力が低下した高齢者の支援を行う際、職員が熟知しておきたい制度、事業の代表的なものとして、日常生活自立支援事業と成年後見制度があります。

	日常生活自立支援事業	成年後見制度
法律	社会福祉法	民法
対象者	軽い認知症や知的障害、精神障害などにより判断能力が十分でない者で、「自分一人で福祉サービスの利用手続きをすることに不安がある者」や「預金の出し入れや公共料金の支払い、重要書類の保管を 一人で行うことに不安がある者」	精神上の障害により事理を弁識する能力（判断能力）が不十分（補助）、著しく不十分（保佐）、欠く常況（後見）にある者
支援内容	本人の意思に基づき、日常生活の範囲内での支援 ①福祉サービスの利用援助 ②日常的金銭管理 ③書類等の預かり物の保管	本人の行為全般について本人を代理する（後見）、必要とされる範囲の代理権行使（補助・保佐）・代理権、同意権・取消権を行使することによって本人を保護
支援をする人	市町村社会福祉協議会専門員、生活支援員	家庭裁判所が選任した成年後見人、保佐人、補助人
費用	実施主体である都道府県や指定都市の社会福祉協議会が定める利用料を利用者が負担（生活保護世帯には減免措置がとられる場合がある）	成年後見人等への報酬について家庭裁判所が本人の資産状況等を考慮して決定
申し込み	市町村社会福祉協議会に申し込み・契約締結能力をガイドラインにより確認後、必要に応じて契約締結審査会にて審査	申立権者により家裁へ申立てをし、医師の診断書等を提出し、家庭裁判所の審判により決定

Q45 センター職員は成年後見制度をどの程度理解する必要がありますか？

A　成年後見制度は、判断能力が不十分で生活が困難となった人を対象に、その権利や財産を守るための制度です。2000年、介護保険法と同時期に、民法の一部を改正する法律、任意後見契約に関する法律により開始されました。

包括センターが判断能力の不十分となった認知症高齢者等を支援する際に、法定後見制度の利用を提案する機会が増えています。成年後見制度は、「ある程度財産をもっている人のための制度」との誤解を招きがちですが、財産管理のみの制度ではなく、生活を維持する・保つ（身上監護）ための制度です。包括センターの職員はこの点を理解しておきましょう。そして、必要な利用者に理解しやすい言葉で説明ができるようにしておきましょう。法務省や厚生労働省のホームページにある、一般市民向けにわかりやすく制度概要をまとめたパンフレット等も活用しましょう。

『地域包括支援センター運営マニュアル３訂』では、包括センターが成年後見制度について行う６つのことを掲載しています。

①成年後見制度の普及啓発

パンフレットの配布や説明会、住民や関係者に向けた相談会の実施等を行います。

②成年後見制度の利用に関する判断

権利擁護の観点から高齢者の判断能力や生活状況等を把握し、成年後見制度を利用する必要があるかどうかを検討（スクリーニング）します。

③成年後見制度の申立てへの支援

本人、４親等以内の親族等の申立て支援のほか、市町村長申立て事務を行います。緊急性がある場合は、審判前の財産保全処分等にもつなぎます。

④本人情報シートの作成

2019 年４月より、申立て時に家庭裁判所に提出する資料として加わりました。包括センター職員等が策定者として想定されています。

⑤診断書の作成や鑑定に関する地域の医療機関との連携

本人支援者として精神科医や主治医の診断書作成や鑑定時のサポートをします。

⑥成年後見人等となるべきものを推薦できる団体等との連携

高齢者本人にとって適切な成年後見人等が選ばれるように、都道府県弁護士会や司法書士会、社会福祉士会等との連携を図ります。

出典：法務省

46 任意後見制度とはどのようなものですか？

A 成年後見制度は、「法定後見」と「任意後見」と大きく２つのタイプに分かれます。

「法定後見」は、本人の判断能力が低下した後に、家庭裁判所に申し立てる事後的要素が強いものであることに対して、「任意後見」は、判断能力が十分なうちに誰に何を代理してもらいたいかを決めてあらかじめ契約を交わすものとなります。超高齢社会の長い人生設計について自らの意志の反映と尊重という観点からも活用の必要性が高まっています。

これだけ聞けばとてもよい制度のような印象を受けますが、任意後見制度をめぐっては、濫用事例がみられるなど世間を騒がせるよくないニュースがあることも事実です。包括センターは、本人に不利益を生じさせないためにも、適切な制度へのつなぎが必要です。

任意後見制度に関する一般的な留意点は次のとおりです。

任意後見制度に関する一般的な留意点

①任意後見制度の締結には契約や登記が必要

本人が十分な判断能力を有する場合、あらかじめ、任意後見人候補者や将来その者に委任する事務の内容について公正証書による契約で定めておく制度です。すでに判断能力が不十分な状態にある場合は、現時点で法定後見の申立ての支援を行います。

②任意後見制度の締結には制度の理解と納得が必要

任意後見制度は、即効型、将来型、移行型の３種類があり、本人の状況や希望により選択していく複雑な制度設計になっており、専門職団体を含めたさまざまな相談窓口があります。大事なのは、本人が納得いくまで相談したうえで契約することです。

③任意後見制度の開始には家庭裁判所への申立てが必要

任意後見契約は、家庭裁判所が任意後見監督人を選任したときから効力が生じます。任意後見人は、この時から、任意後見契約で委任された事務を本人に代わって行うこととなります。

④適切な運用のためにあわせて任意後見監督人の申立てが必要

任意後見人は、速やかに任意後見監督人の選任の申立てをすることが求められます。任意後見監督人の役割は、任意後見人から財産目録などを提出させるなどして、任意後見人が任意後見契約の内容どおり適正に仕事をしているかを監督することです。

成年後見制度利用促進法について簡単に知りたいです。

A　包括センターの権利擁護業務にも関連して、成年後見制度の利用の促進に関する法律（成年後見利用促進法）が2016年に施行されました。一見すると、成年後見制度の利用者の増加が目的のような印象を受けますが、実際には、制度利用は手段であり、目的は、地域の中での尊厳ある暮らしの継続、実現とされています。必要なときに必要な権利擁護の手段としての成年後見制度の利用ができるよう、各地域での体制整備が求められています。

2022年4月に閣議決定された第二期成年後見制度利用促進基本計画によると、包括センターは特に権利擁護業務を実施している相談機関としての役割が期待されています。必要な人が必要なときに成年後見制度が活用できるよう、また、尊厳ある利用者本人らしい生活の継続と社会参加ができるよう、権利擁護支援の地域連携ネットワークの一員として連携・協働していくことが求められます。

成年後見制度は、権利擁護のための「手段」であって「目的」とはなりません。制度の活用が利用者本人にとって本当に有効なのか、利用者本人からみたメリットは何か、利用者本人と一緒に考えていくことが大切です。

図表３-２　権利擁護支援の地域連携ネットワークを構成する３つの要素

権利擁護支援チーム	制度利用者本人（以下、本人）に身近な親族や地域、保健・福祉・医療の関係者などが、協力して日常的に本人を見守り、本人の意思および選考や価値観を継続的に把握し、必要な権利擁護支援の対応を行うしくみ。新たにチームをつくるのではなく、地域包括ケアや介護保険でつくられている本人の支援チームに、後見人等や意思決定に寄り添う人などが加わり、適切に本人の権利擁護が図られるようにする。
協議会	各地域において、専門職団体や当事者団体などを含む関係機関・団体が、連携体制を強化し、これらの機関・団体による自発的な協力を進めるしくみ。協議会で事例検討や地域課題について協議を行う。 ※包括センターが協議会のメンバーになっていることが多い。
中核機関	地域連携ネットワークのコーディネートを担う中核機関。成年後見制度などの権利擁護に関する相談を受け、協議会の事務局機能を担う。 ※ 2024 年度末までに全国の市町村に整備することが目標。

Q48 日常生活自立支援事業とはどのようなものですか？

A　成年後見制度とあわせて理解しておきたい制度として、日常生活自立支援事業が挙げられます。これは、軽度の認知症や障害等があるために、簡単な契約や金銭管理等の場面で困っており、自分１人では不安がある人を対象にしています。法定後見と異なる点は、制度利用においては利用契約を交わす必要があるため、本人が希望していることはもちろん、契約の内容を理解できるだけの判断能力が求められます。

日常生活自立支援事業の概要

実施主体は、都道府県・指定都市の社会福祉協議会ですが、相談は、最寄りの地域の社会福祉協議会となります。主に、①福祉サービス利用援助、②日常的な金銭管理、③通帳･印鑑等の書類預かりサービスといった支援をとおして、地域で暮らし続けるための手伝いをします。なお、日常生活自立支援事業のサービスを利用する際には、本人の意向を聞き取りながら共に支援計画を作成し、計画に沿った定期訪問を行い、生活状況を継続的に見守ります。相談にかかる費用は無料ですが、利用に関しては､実施主体が定める利用料を利用者が負担することとなります（訪問１回あたり平均 1,200 円、生活保護世帯は減免等）。

図表３-３　日常生活自立支援のフロー

相談受付	●本人だけでなく、家族などの身近な者、行政の窓口、包括センター、民生委員、介護支援専門員、在宅福祉サービス事業者などを通じての問い合わせにも対応する。
相談・打ち合わせ	●専門的な知識を持った担当者が自宅や施設、病院などを訪問し、相談にのる。相談にあたっては、プライバシーに配慮し、秘密は必ず守る。
契約書・支援計画の作成	●困っていることや希望を聞き、どのような手伝いをどれくらいの頻度で行うかなどを本人と一緒に考える。その後、契約内容・支援計画を提案する。
契約	●利用契約を結ぶ。
サービス開始	●支援計画に沿って、担当者（生活支援員）がサービスを提供する。

49 消費者被害が増えてきていると聞きます。どのようなものがありますか？

A 高齢者の消費者被害が急増しているというニュースをよく耳にします。消費生活センターによると、悪質業者は、高齢者の持ちやすい「お金」「健康」「孤独」の３つの大きな不安をあおり、被害に導くそうです。また、在宅率が高い高齢者は、電話勧誘販売や家庭訪販による被害に遭いやすいのも特徴だといわれています。被害を未然に防ぐためにも、包括センターの職員は、まずは、高齢者に多い消費者被害に関する情報を集めることが有効です。

●高齢者が被害に遭いやすい手口の例

悪徳商法	訪問販売・電話勧誘販売	業者が突然に自宅を訪問（もしくは電話）し、言葉巧みに勧誘し、強引な商品やサービスを販売する。
	点検商法	家屋等の無償点検を装い、偽りや誇大な説明で不安をあおり、工事や商品の契約を迫る。
	催眠商法	地域の身近な会場を期間限定で借り上げ、無償でプレゼント等を配り、気分を高揚させ、高額の商品やサービスを売りつける。
特殊詐欺	オレオレ詐欺	本人にとって身近な人（子や孫を設定することが多い）を装って電話をかけ、トラブルに対しての助けを求め、その解決のために必要と多額の金銭をだまし取る。
	還付金詐欺	医療保険料の払い過ぎ等具体的かつ期間が間近に迫った還付金があり、その受け取りのために必要だと説明し、ATM 等で振り込みを迫る。
	架空請求詐欺	身に覚えのない未払いの請求があることを説明し、このまま放置していては訴訟トラブルに発展するため、急いで振り込む必要があると迫り、金銭をだまし取る。

●高齢者の消費者トラブルを防ぐための見守りチェックリスト

家の様子について	□ 家に見慣れない人が出入りしていないか □ 不審な電話のやりとりがないか □ 家に見慣れないもの、未使用のものが増えていないか □ 見積書、契約書などの不審な書類や名刺などがないか □ 家の屋根や外壁、電話機周辺などに不審な工事の形跡はないか □ カレンダーに見慣れない事業者名などの書き込みがないか
本人の様子について	□ 定期的にお金をどこかに支払っている形跡はないか □ 生活費が不足したり、お金に困っていたりする様子はないか □ 何かを買ったことを覚えていないなど、判断能力に不安を感じることはないか

出典：国民生活センターホームページをもとに作成

50

消費者被害の防止および対応において包括センターにはどのような役割が求められていますか？

A 消費者被害に遭いたくて遭う人はいません。不幸にも被害に遭ってしまった高齢者は、自分を責め、恥じる気持ちから、誰にも相談できずにいることがあります。そのため、発覚が遅れて解決の機会を逃したり、１人で抱え込んでしまって被害を繰り返したりしている可能性が高まります。

地域包括支援センター運営マニュアル検討委員会編集『地域包括支援センター運営マニュアル３訂』（長寿社会開発センター、2022年）では、消費者被害の防止および対応に対しての地域包括支援センターの役割を①予防と早期発見、再発防止、②消費者被害への対応と大きく２つの側面からまとめられています。

1．予防と早期発見、再発防止

「気づき、知らせる」役割

消費者被害防止は、早期発見・早期対応が原則です。包括センターは、消費者被害を受けていると思われる高齢者を発見し、相談につなぐ役割を有しています。

再発防止の見守りコーディネート

消費者被害に再び遭う可能性の高い高齢者に対して、再発防止のための見守り体制を構築していくことは、包括センターの役割の１つです。

被害拡大の防止のための情報提供

地域で同様の被害に遭う高齢者が出ないよう、被害拡大防止のための地域への情報提供と予防の強化が求められます。

消費者被害を予防する地域づくり

消費者被害に遭わないように、消費者被害についての正しい知識を伝え、未然防止・予防できる地域をつくっていくことが最も大切です。

2．消費者被害への対応

消費生活センターと協働した対応役割

都道府県や市町村に設置されている消費生活センターは、消費者からの専門相談窓口です。包括センターは、消費生活センターとの円滑な連携をもった消費者被害の対応に協働します。

介護保険サービス事業者との役割分担

消費者被害への対応は、介護支援専門員やヘルパーといった介護保険サービス事業所とともに、包括センターとの役割の違いを把握しながらの連携・協働が求められます。

司法関係者との適切な連携

多重債務整理や代理援助による支援など、被害救済のために地域包括は、司法関係者等と連携し、法による救済を図る必要が生じる場合もあります。

出典：地域包括支援センター運営マニュアル検討委員会編集『地域包括支援センター運営マニュアル3訂』（長寿社会開発センター、2022 年）をもとに筆者作成

51 高齢者でも犯罪加害者となることはありますか？

A 一般刑法犯の認知件数は、全体的に、2002年をピークに減少に転じています。ところが、年齢層別検挙人員をみると、高齢者層の増加傾向が特に著しいとのデータがあります。法務省は、「高齢犯罪者の増加の勢いは、高齢者人口の増加の勢いをはるかに上回っている」と述べています。

1．窃盗（万引き）等の軽犯罪が多い

高齢者の犯罪では、窃盗が最も多いことが特徴だとされています。男女比率では女性に多い傾向が見られます。さらに、窃盗の高齢初犯者の手口をみてみると、ほとんどは万引きです。共通する動機には、経済的な困窮だけでなく、社会とのつながりの希薄さによる孤独感や孤立感も関わっているように考えられます。

2．関係機関との連携と福祉的サポートが必要

権利擁護課題に共通してみられる、社会のなかでの孤立防止と尊厳ある暮らしの保障は、犯罪対策においても重要です。高齢者の犯罪を未然に防ぐためにも、また罪を犯してしまった高齢者の社会復帰を支援するためにも、包括センターが司法をはじめとした関係機関と連携し、福祉的サポートをすることがますます求められています。

高齢者の自殺は案外多いと聞きます。その実態と防止するための対応方法は？

A　最後に、権利擁護の課題として看過できない「自殺」について触れていきます。厚生労働省「令和３年中における自殺の状況」によると、わが国の自殺者数は、2003 年に最多の３万 4,427 人をピークとし、2010 年以降は 10 年連続の減少となっており、2021 年は２万 1,007 人となりました。先進国でも高いとされるわが国の自殺率のなかでも、年齢階級別自殺者数に注目してみると、約４割と高齢者の占める割合は決して少なくありません。

図表３-４　年齢階級別自殺者数の年次推移

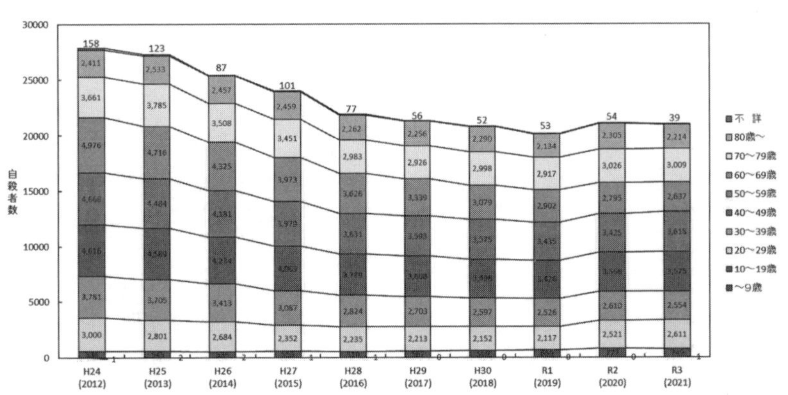

出典：厚生労働省「令和３年中における自殺の状況」７ページより抜粋

1．高齢者の自殺の実態

高齢者の自殺はどのようにすれば防げるのでしょうか。厚生労働省の資料をもとに高齢者の自殺に至る要因を確認してみると、高齢者は、特に「健康問題」の割合が高いことがうかがえます。

そもそも、高齢者の多くがなんらかの身体的不調や、高血圧、糖尿病、心臓病などの慢性疾患をもち、医療機関にかかっている現実があるものの、自分の健康状態について悪い評価を下しがちであることも指摘されるところです。実際、包括センターを訪れる高齢者からは、「早くお迎えにきてほしい」「長生きしすぎた、楽になりたい」「どうせ健康に戻らないなら死んだほうがましだ」といった発言がみられることがあります。

このような発言の背景には、孤独が潜んでいることが少なからずあります。加齢に伴い自らの心身機能の低下を実感しているところに、長年連れ添った配偶者などの近親者や身近な友人の病気や死といった喪失体験に追い打ちをかけられ、閉じこもり、うつ状態が加速するケースもあります。

図表3-5　後期高齢者における自殺の原因・動機等の推移

	平成21年	平成22年	平成23年	平成24年	平成25年	平成26年	平成27年	平成28年	平成29年	平成30年	令和元年
家庭問題	618	654	651	619	630	614	599	571	555	598	533
健康問題	2,808	2,858	2,758	2,769	2,804	2,693	2,619	2,437	2,421	2,434	2,360
経済・生活問題	147	163	156	171	164	145	160	159	156	146	174
勤務問題	6	6	15	19	13	10	18	9	16	14	16
男女問題	13	12	6	6	7	5	8	4	6	8	4
学校問題	0	0	0	0	0	0	0	0	0	0	0
その他	295	293	297	271	274	251	278	223	239	232	207
原因・動機特定自殺者数	3,040	3,072	3,053	3,031	3,140	2,979	2,950	2,697	2,679	2,761	2,612
原因・動機不詳自殺者数	1,036	1,025	1,084	1,051	1,104	1,039	1,041	956	928	927	873

出典：厚生労働省「令和2年版自殺対策白書」96ページより抜粋

2．高齢者の自殺予防のポイント

自殺は、当事者本人にとっても、周囲の人たちにとっても不幸の極みであり、切実に取り組みたい権利擁護課題です。では、どうすれば自殺を防ぐことができるのでしょうか。

「魔が差した」と表現されるように、自殺は本人以外にとっては突然の出来事のため、突発的で発作的というイメージもありますが、実際にはそうではありません。「思い返せばあのとき…」と、身近な人間関係からは生前の生活習慣や言動の変化が語られることがよくあります。自殺の多くは多様かつ複合的な原因と背景があり、さまざまな要因が連鎖して起きているとされるものの、自殺の直前においては、「うつ病」や「うつ状態」が観察されています。

その際に必要なのは、医療機関の受診支援です。しかし、高齢者においては、身体症状や認知機能の低下とうつ病の判別がより困難であるといわれています。意欲や気力、活動性の低下、物忘れ、判断能力の低下など、うつ病に現れる諸症状は他の病気と共通することが多いからです。うつを見逃さないことが高齢者の自殺予防において大切なポイントです。

3．ゲートキーパーとしての意識をもつ

「ゲートキーパー」は、「命の門番」と言い換えられ、自殺の危険を示すサインに気づき、適切な対応を図ることができる人のことを指します。「自殺総合対策大綱」（2007年6月8日閣議決定）では、重点施策の1つとしてゲートキーパーの養成を掲げ、関連するあらゆる分野の人材に向けたゲートキーパー研修等が規定されています。そこに、包括センターの職員も想定されます。死を考えるほどに悩みながらも、声に出せずにいる人に気づき、声をかけ、話を聞き、必要な資源につなげ、見守る役割を認識しておきましょう。

【ゲートキーパーのポイントと心得】

「気づき」：家族や仲間の変化に気づいて、声をかける

「傾聴」：本人の気持ちを尊重し、耳を傾ける

「つなぎ」：早めに専門家に相談するよう促す

「見守り」：温かく寄り添いながら、じっくりと見守る

【ゲートキーパーの心得】

□自ら相手と関わるための心の準備をしましょう

□温かみのある対応をしましょう

□真剣に聞いているという姿勢を相手に伝えましょう

□相手の話を否定せず、しっかりと聞きましょう

□相手のこれまでの苦労をねぎらいましょう

□心配していることを伝えましょう

□わかりやすく、かつゆっくりと話をしましょう

□一緒に考えることが支援です

□準備やスキルアップも大切です

□自分が相談にのって困ったときのつなぎ先（相談窓口等）を知っておきましょう

□ゲートキーパー自身の健康管理、悩み相談も大切です。

出典：厚生労働省「誰でもゲートキーパー手帳（第二版：平成24年3月作成）」をもとに作成

第4章
包括的・継続的ケアマネジメント支援

Q 53 包括的・継続的ケアマネジメント支援とはどのようなものですか？なぜ必要なのですか？

A　医療・介護・福祉・保健だけで生活が成り立つ人はいません。近隣や家族との関係、住まい、経済力、生きがい活動など、人の生活にはさまざまな要素が関係します。そこで、生活をするうえで必要な要素を「丸ごと」＝包括的に支援します。このように、介護支援専門員や包括センターの職員が暮らしに必要なさまざまな要素をひっくるめたケアマネジメントを行うことを、「包括的」なケアマネジメントといいます。

図表４-１　継続的・シームレスな支援

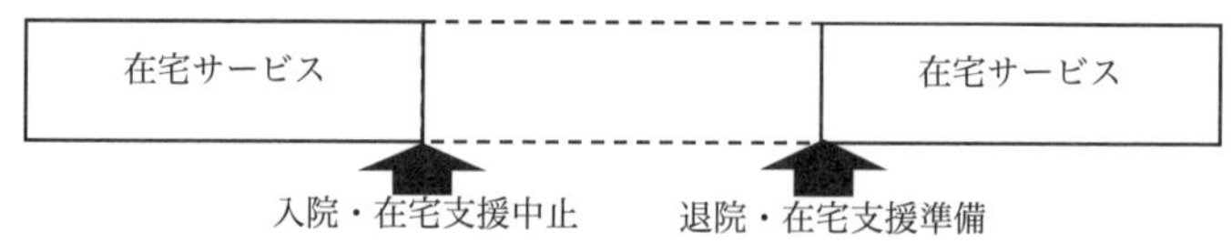

2040年に向けて、わが国は人口減少・少子高齢化、高齢者のみ世帯増加、8050世帯の増加、貧困世帯の増加、障害者の高齢化などが進行しています。同時にこれらの社会状況の変化は、支援を必要としている人の生活課題を複雑・多様化させます。介護・福祉・医療だけではなく、家族や近隣との関係や趣味などの活動、他人との交流など社会保障制度では支えられない困りごともたくさんあるはずです。このように、人の生活に必要な要素を丸ごと（包括的に）支援することが「包括的ケアマネジメント」です。ケアプランに、公的サービスのみならず、家族や地域の身近なつながりといったインフォーマルサポートも位置づけるように示さ

れているのはそのためです。

高齢期になると疾病やケガなどで入院する機会が増えていきます。たとえばこのようなケースを想定してみましょう。

在宅で介護保険サービスを利用していた人が入院するとなると、介護保険から医療保険へ支援者が移行します。それにより、介護保険支援チームは一旦休止となります。そして退院すれば、再び介護保支援チームが動き出すのですが、退院は急に決まることも多く、大慌てで在宅介護の準備に入ることになります。退院後は心身の状態像が変化していることが考えられます。入院前のケアプランの見直しが必要な場合もあります。在宅介護支援者が利用者の状態変化を知らなければ、利用者の在宅生活はスムーズに再開することができなくなってしまいます。

このように、居場所や支援チームが変わっても支援がぶつ切りにならないようにマネジメントすることが「継続的ケアマネジメント」です。包括的・継続的ケアマネジメントの個別支援場面においては、主に介護支援専門員がこの役割を担っています。入退院があっても継続的な支援ができるよう、常日頃から医師等とは情報共有を行うなどして継続的なケアマネジメントをします。包括的・継続的ケアマネジメントは、地域包括ケアを実現・推進するためのケアマネジメントといえます。

包括センターは、介護支援専門員等が包括的で継続的なケアマネジメントを行うことができるよう、個別ケアマネジメント場面で側面から支援したり、地域の環境を整えたりする「支援」の役割を担います。

Q54 包括的・継続的ケアマネジメント支援はどのような業務ですか？

A 介護支援専門員が、包括的で継続的なケアマネジメントができるよう支援する業務を「包括的・継続的ケアマネジメント支援」業務といいます。

この業務は大きく「個別ケアマネジメント支援」と「ケアマネジメントの環境整備」の２つに分けられています。

図表４－２の右側が「個別ケアマネジメント支援」です。個別の利用者への支援場面において、担当介護支援専門員によるケアマネジメントだけでは包括的で継続的なケアマネジメントが十分にできない場合に、包括センターが「支援」に入ります。

包括センターを訪れた人が初めて介護保険サービスを利用する際は、まずは自分に合った介護支援専門員探しから始まる支援もあります。また、担当介護支援専門員から直接支援を依頼される場合もあります。経験の浅い、または地域の状況を十分に理解できていない介護支援専門員がいる、利用者が権利侵害を受けている可能性がある、複雑多様な生活課題を有するなど、場面はさまざまです。包括センターは介護支援専門員から直接支援要請を受ける場合がほとんどですが、時には利用者やサービス事業者から支援を要請される場合もあります。

包括センターは、どのような支援を求められているのか、どのような支援が必要な状況なのかを見極めて、自身の役割や立ち位置（ポジショニング）を決めていく必要があります。個別ケアマネジメント支援に関する包括センターの役割についてはQ55で詳しく説明します。

個別ケアマネジメントにおいて、多くの場合、利用者には「解決すべ

図表4-2　包括的・継続的ケアマネジメントの概略

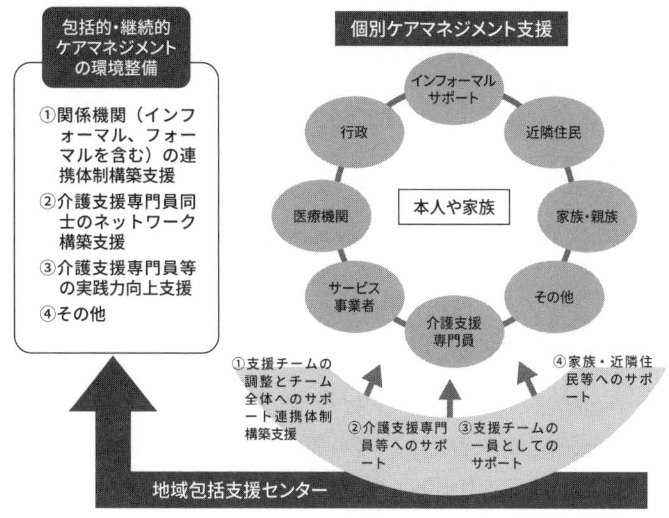

出典：長寿社会支援センター「地域包括支援センター運営マニュアル3訂」をもとに作成

き生活課題」が複数あります。たとえば、外出機会が減って心身ともに機能低下を認められる利用者がいたとします。足の痛みや外出意欲減退など利用者本人に起因する要因だけでなく、家の前の道路に歩道がない、歩道があっても自転車で埋められて歩ける場所がない、交通手段がなく買い物へ行けない、どこに参加・活動の場があるのかわからない、など環境に起因する要因もあります。これら「環境要因」はその人だけでなく、他の多くの人の生活のしづらさにもつながってくるため、環境を整えなければなりません。それが包括的・継続的ケアマネジメント支援の「環境整備」です。地域包括ケアを推進するための「地域づくり」ともいえます。この業務の進め方については、Q58で詳しく説明します。

これら２つの役割は、包括センターが単独で行えるものばかりではありません。むしろその多くは単独で行うべきものではありません。自助（支援を受ける人）・互助（住民）・共助（専門職）・公助（行政）が協働して取り組めるようマネジメントすることが求められています。

55 包括的・継続的ケアマネジメント支援業務の個別ケアマネジメント支援とは具体的にどのような業務ですか？

A 「個別ケアマネジメント支援」は、その利用者に担当の介護支援専門員がついているか否かにかかわらず、個別利用者への支援場面で包括的で継続的なケアマネジメントが実施できるよう必要に応じて包括センターが支援する業務です。包括センターに求められる役割は、大きく以下の４つです（図表４－３）。

１．支援チームの構築と支援チームへのサポート

初めて介護保険サービスを利用する人への支援では、介護支援専門員を中心とした支援チームを構築します。利用者に介護支援専門員を紹介し、新たに利用者から選任された介護支援専門員と共に支援チームを構築することがこの役割に当たります。多くの場合は、担当介護支援専門員が決まり引き継いだところで包括センターの役割は終結します。すでに支援チームができていても、多種多様な専門機関が関わっていくと、支援チームで情報共有や方針の統一などが十分図れなくなることもあります。その場合は支援チーム全体の連携などをサポートします。

２．介護支援専門員等へのサポート

担当介護支援専門員の実務経験が短い、この地域の状況にいまだ疎い、担当する利用者が過去に経験したことのない複雑多様な問題を抱えているといった、担当介護支援専門員だけでは包括的で継続的なケアマネジメントが難しい場合、包括センターが支援に入ります。気をつけなけれ

ばいけないことは、包括センターが介護支援専門員の代わりにケアマネジメントをするわけではなく、あくまで介護支援専門員を中心とした支援チームがしっかり機能していけるように側面から支援する点です。

介護支援専門員「等」とされているのは、時にはサービス事業者から支援を求められることもあるからです。「いくら提案しても介護支援専門員が動いてくれない」など、介護支援専門員のケアマネジメントに不満があるサービス事業者が包括センターに相談に来ることもあります。

3．支援チームの一員としてのサポート

時には、包括センターも一時的に支援チームの一員となることがあります。権利侵害の可能性がある、一時的に集中的な見守りが必要となった場合などには、可能な範囲で包括センターもサポートとして加わることがあります。しかし、この役割は一時的である必要があります。あくまでも包括センターは、支援チームのサポート役であることを忘れてはいけません。

4．家族・近隣住民等へのサポート

介護支援専門員は利用者の専任担当者となります。利用者が家族との折り合いが悪い場合、包括センターは、介護者支援として家族に関わることがあります。また、不安を抱える近隣住民へのサポートも欠かせません。役割分担として、介護支援専門員がしっかりと利用者への支援をするため、包括センターは家族や近隣住民への支援を担うこともあります。

図表４-３　個別ケアマネジメント支援における包括センターの役割

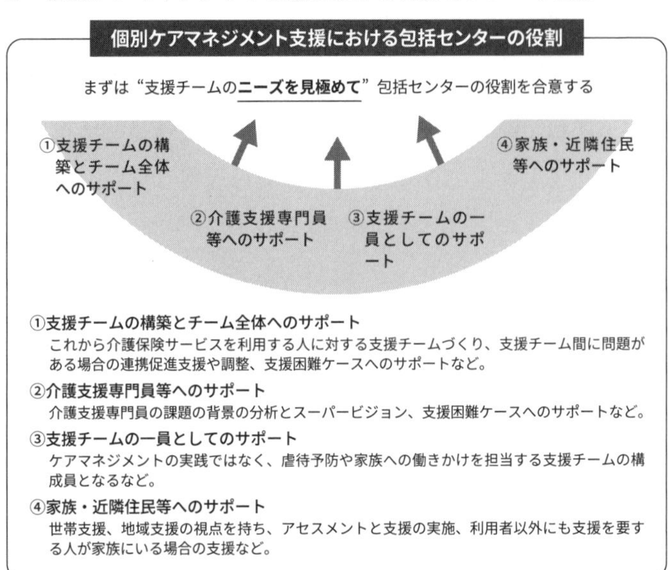

出典：長寿社会支援センター『地域包括支援センター運営マニュアル3訂』をもとに筆者一部改変

担当介護支援専門員がついていれば、実際には包括センターが直接関わる必要のない事例がほとんどです。しかし、何かしらの原因でチーム支援がうまく進行しないなど、包括的で継続的なケアマネジメントが進められない場合には包括センターが支援に関わることになります。介護支援専門員や支援チームのニーズは何なのか、包括センターに求められている支援は何なのかをしっかり分析して、そして包括センターが関わる目的を合意したうえで支援を開始することが大切です。

Q56 個別ケアマネジメント支援業務において包括センターが留意することは何ですか？

A まずは「支援ニーズ」を見極めることです。利用者や介護支援専門員などがなぜ包括センターに支援を求め、何を必要としているのかを正しく見極めなければなりません。支援ニーズの見極めの際、包括センターに求められている「デマンド（要求）」と本質的な「必要性（ニーズ）」は異なる場合があり、包括センターに定期的な支援、介護支援専門員の役割代行を求められる場合があります。包括センターの機能から外れないことを前提に、デマンドに共感したうえでニーズに基づいた支援を提案します。

次に、包括センターの役割として、支援を始める前にケースに関わる際の立ち位置（ポジショニング）や包括センターとしての行動計画を明確にします。そして、どのような目的で何をサポートするかについて説明し、利用者や介護支援専門員などの合意を得ます。この段階をあいまいにすると、包括センターは「終結」のタイミングを見失います。たとえば、「ケアマネジャーを探して引き継ぐ」という行動計画ならば、引き継いだ時点で終結します。「支援チーム内の方針をそろえて支援をする」のであれば、包括センターは、むやみに利用者との関係はつくらずに、支援者のみと会うことで調整が可能となるはずです。包括センターが目的を持たず無計画に行動すると、利用者や他の支援者に思わぬ期待を抱かせ、包括センターの機能と求められる役割にミスマッチを起こしてしまうこともあるのです。

最後は、個別ケアマネジメント支援をしながらも、絶えず環境的要因の解決＝「環境整備」を意識しておくことです。個別ケースへの支援で明らかになった環境的要因は、他の市民の生きづらさ・生活課題にもつながってしまいます。個別支援の積み上げが環境整備に取り組むべき優先順位の判断材料にもなることを理解しておきましょう。

Q57 包括的・継続的ケアマネジメント支援業務の環境整備はどのような業務ですか？

A　生きづらさを感じる、要介護状態になり自立した尊厳ある暮らしが困難になるなど、支援が必要になる原因は、疾病や身体機能の変化など利用者個人の要因だけではありません。地域や住居、制度などその人を取り巻く環境が要因になる場合もあります。

たとえば、道路に大きな穴があいていたとします。ある人が誤ってその穴に落ちてしまいました。まっさきにすべき対応は落下者の救出です。しかし、その穴をそのままにしておけば、他の人も落ちてしまう危険性があります。そのような事態を招かないように穴をふさがなければなりません。このような対処が包括的・継続的ケアマネジメント支援の「環境整備」です。

家の周囲に山坂や階段が多い、交通が不便、歩道がないといった環境は、外出の機会を減少させ、機能低下につながる要因にもなりかねません。住民の認知症に対する理解が低いがゆえに、すぐに近隣住民から施設入所を進められてしまう地域であるなど、住民の意識が在宅生活の継続を阻むケースもあります。さらに、介護サービス事業者が少ない、経験の浅い介護支援専門員が多く包括的で継続的なケアマネジメント技術が未熟といった支援者側の問題も環境要因となりえます。

以上のような要因は利用者本人だけが困るのではなく、多くの市民の暮らしにくさにもつながります。このような環境要因を「地域課題」といい、地域課題を解決することを包括的継続的ケアマネジメント支援の環境整備、または「地域課題の解決」といいます。

Q58 包括的・継続的ケアマネジメント支援業務の環境整備の手順を教えてください。

A 包括的・継続的ケアマネジメント支援の環境整備の手順は、図表4－4のとおりです。

図表4－4　包括的・継続的ケアマネジメント支援の環境整備手順

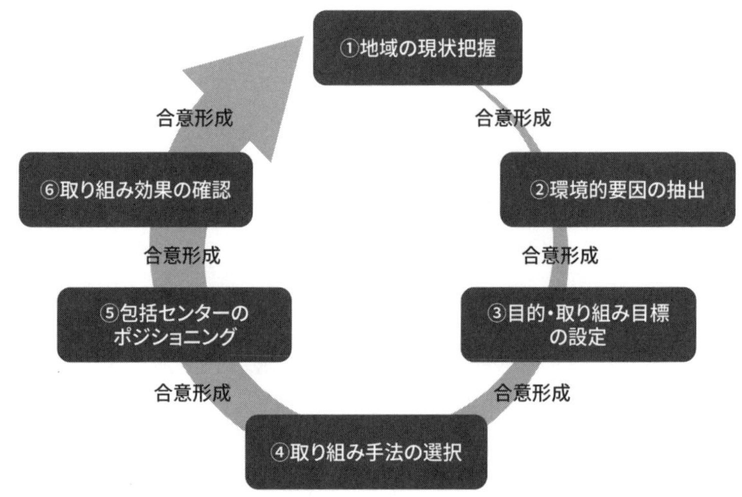

出典：地域包括支援センター運営マニュアル検討委員会編集『地域包括支援センター運営マニュアル3訂』（一般財団法人長寿社会開発センター、2022年）をもとに作成

まずは、「①地域の現状把握」です。誰が、何に困っているのか、どのような問題が発生しているのかを把握します。「皆さんが暮らしている地域は『地域包括ケア』が実現されていますか？」と聞かれたら、多くの人は自信をもって「はい、実現しています」と答えられないと思います。答えられない背景には、何かが足りない、問題が解決されていないと感じ

ているからではないでしょうか。不足点は何か、なぜそう感じているのか、自身が問題と感じている内容を統計や関係者への聞き取りなどで裏付けしていく必要があります。それが「現状把握」です。現状把握により、(たとえば、認知症になると1人暮らしが困難になるなど)地域包括ケアが実現できていない状況が明らかになれば、なぜその問題が起きているのかの「分析」を行います。問題を発生させている(解決できない)要因を洗い出し、それらの要因から「②環境的要因の抽出」をします。

その後、数ある環境的要因から、解決すべき要因の優先順位を決め、解決のための「③目的・取り組み目標の設定」をして「④取り組み手法の選択」をし、解決のための「⑤包括センターのポジショニング(役割)」を決めます。解決すべく取り組んだ後には、必ず「⑥取り組み効果の確認」をし、再び現状把握に戻るという手順で推進します。

また、図表4-4のとおり、どの過程においても関係者の「合意形成」が重要です。包括センターがこれらの過程を管理し、住民や関係機関の参加も得ながら、地域の問題を解決していくことが「環境整備」業務なのです。

環境整備も個別ケアマネジメント同様、「アセスメント(情報収集と課題分析)」が重要です。現状把握と環境要因の抽出を丁寧に行うことで、複数ある環境要因ごとに適切な解決策を見いだすことができます。

59 環境的要因の抽出の手順を詳しく説明してください。

A 「環境要因の抽出」は、環境整備手順のアセスメント（情報収集と課題分析）の部分にあたります。個別支援と同様、とりわけ重要なプロセスです。環境要因の抽出では、以下の４つの視点で、複数の仮説を立てられるようにします。

１つ目は「制度やシステム」の問題です。制度そのものの不備や連携システムに問題がある場合です。この場合は、「制度やシステムが△△だから」の「△△」に入る仮説を立てて問題の要因を洗い出してみます。

２つ目は「地域性・圏域設定」の問題です。「地域性や圏域が△△だから」に当てはめて考えてみます。

３つ目は「地域住民の意識」の問題です。「認知症になったら施設に入るべき」といった考え方が住民にあれば在宅生活の継続は難しくなります。「地域住民が△△だから」に当てはめて考えてみてください。

４つ目は「支援者の知識や技術」の問題です。支援困難事例とは支援する側が困難に感じているという意味です。支援者の意識、知識、技術が不足していることで、解決を遅らせてしまうことがあります。「支援者が△△だから」に当てはめると、自身の振り返りも含めてさまざまな仮説が出てくるはずです。

これら４つの視点で環境要因を抽出してみると、それぞれ、解決方法が異なることに気づきます。支援者の知識や技術不足、住民の意識がもたらす問題は制度では解決できないことは明らかです。

できるだけ多くの関係者とこの分析を共有し、解決すべき課題であることの共通認識を持つことが、解決＝環境整備の一歩となります。

60

環境整備業務において包括センターが留意することは何ですか？

1．アセスメントをおろそかにしないこと

環境整備業務で最も重要といえるのは、アセスメントのプロセスです。アセスメントとは、一般的に、「情報収集」から「課題分析」までを行うことを指します。Q58・図表４－４の「①地域の現状把握」と「②環境的要因の抽出」の部分です。

課題を解決するためには、高齢者等の生活を困難にしているさまざまな問題の情報を収集し、その問題が起きている要因（何が生きづらさを発生させているのか）を明らかにしなければ、解決方法を導き出すことができません。問題を発生させている要因には、大きく分けると、個人要因と環境要因の２つがあります。個人要因とは、その人固有の要因（疾病、性格、障害など）を指します。環境要因とは、その人を取り巻く環境において生活のしづらさにつながっている要因のことであり、住宅環境や、道路状況や交通の便はもちろん、支援者の知識・技術、連携不足なども含まれます。

多くの場合、１つの問題を発生させている環境要因は複数あると考えられます。しかし、地域課題を解決する際、このアセスメントのプロセスがおろそかになっている例が少なくありません。たとえば地域ケア会議で、「複雑多様な生活課題を持つ世帯への支援が困難」という問題が明らかになったとします。よくあるのは、要因を分析しないまま、「研修会を開催しよう」と話を進めてしまうことです。図表４－３の「①地域の現状把握」のあと、「②環境要因の抽出」と「③目的・取り組み目標の設定」を飛ばして、「④取り組み手法の選択」に飛んでしまっているのです。

支援を困難にしているのは以下のような要因が考えられるでしょう。

・相談窓口が制度ごとに異なり、複数の困りごとを1つの相談窓口で相談しづらい

・支援が困難化する前に自らで支援を求めることができない市民の意識

・支援者の知識や支援、連携技術の不足

これら要因ごとに解決策が異なることは前述のとおりです。複雑多様な生活課題を持つ世帯への支援を困難化させないために、介護支援専門員への研修だけでなく、機関連携強化や市民への普及啓発も必要となるわけです。分析なしに解決策なし。これを理解すれば、アセスメントプロセスを大切にする理由がわかります。

2．現状と取り組みに一貫性を持たせる

「④取り組み手法の選択」にも留意点があります。包括センターには、「事業」として、地域ケア会議をはじめ、関係機関や市民を対象とした研修会の開催などの業務があります。地域ケア会議と研修会はどちらも地域包括ケアを推進させるために位置づけられた大切な業務です。また、普段の業務で地域包括ケアが実現されていないと感じていることや、それを発生させている要因、改善されない要因の解決のためにも有効です。しかし、「来月の地域ケア会議で何を取り上げるか」「今年の研修会はどのような内容にしようか」と事業を開催するためにゼロベースで企画してしまい、結果、地域包括ケアの推進につながらない（地域課題の解決につながらない）ことも多々あるようです。仮に、事業から考えてしまったとしても、問題意識と発生させている要因とその要因を解決するための手法として会議や研修会を開催するというように、問題意識と事業に一貫性を持たせるように留意しましょう。

3．アセスメントの段階で役割分担しない

アセスメント段階では役割分担を決めないようにすることが重要です。地域では、地域包括ケアの実現を阻害するさまざまな問題が発生しています。その問題を把握した際、「包括センターが取り組むべきか」を考えると、その後のプロセスが停止してしまいがちです。包括センターが何を担うかは、取り組み手法を選択して関係者で合意した後の、Q58図表4－4「⑤ポジショニング」の段階で考えます。地域の問題解決は包括センターだけの役割ではありませんが、包括センターは、地域の問題を発見する役割を担っています。包括センターは、住民を含む地域全体で地域の問題を解決していけるよう、マネジメントしていきます。

Q61 個別ケアマネジメント支援業務における介護支援専門員との関連性は？

A 介護支援専門員には、包括的で継続的なケアマネジメントを行うことが求められています。しかし、利用者が複雑多様な生活課題を抱えている、介護支援専門員としての経験が浅い、土地に精通していないといった原因で介護支援専門員だけでは包括的で継続的なケアマネジメントができない場合は、介護支援専門員が必要に応じて包括センターに支援を求めることができます。この場合、包括センターと介護支援専門員は、支援する側と支援を受ける側という関係性になります。しかし、上下の関係ではなく、水平的な関係です。役割分担、共同作業との認識です。また、介護支援専門員は、このような支援を包括センター以外にも求めることができます。たとえば、居宅介護支援事業所に所属する主任介護支援専門員や行政というケースもあります。

包括センターの役割は、包括センターが担当する支援の内容によって、時には介護支援専門員の側面から支援し、または協働し、包括的で継続的なケアマネジメントを支援することです。

必要であればベテランの介護支援専門員への支援にも躊躇する必要はありません。あくまでも支援チームの一員として、水平的（対等）な関係による役割分担だと思って包括センターの機能を発揮してください。

Q 62 包括的・継続的ケアマネジメント支援業務における介護支援専門員の地域連絡会との関係について教えてください。

A　包括センター業務に位置づけられている「包括的・継続的ケアマネジメント支援業務」は、介護支援専門員が中心となって行う包括的で継続的なケアマネジメントを個別に支援したり、ケアマネジメント環境を整備したりする業務といえます。包括センターだけが担うものではなく、介護支援専門員自身の努力、介護支援専門員同士での支援体制も欠かせません。よって、包括センターは、介護支援専門員同士が支えあえる体制づくりの支援も担う必要があります。

介護支援専門員同士が支えあえる体制の最も大きな存在が、介護支援専門員の「地域連絡会」です。一般的に市町村単位の連絡会、都道府県単位の協会、そして全国的にも協会があり、「××市介護支援専門員連絡会」など、協会や協議会を付した名称の団体です。都道府県によっては、市町村連絡会は支部になっている、独立した会、法人格、任意団体であるなどとさまざまです。共通するのは活動内容で、会員である介護支援専門員の質の向上のための研修会の開催、制度への提言、自治体のいろいろな会議に参加して意見を述べるなどをしています。地域連絡会は、いわば介護支援専門員の互助機能であり、包括センターと同様の役割を持っているといえます。また、介護支援専門員の機能強化やケアマネジメントの適切化は、市町村（保険者）の役割でもあります。

包括センターは、同じ役割を持った介護支援専門員の地域連絡会、市町村（保険者）とともに、この「包括的・継続的ケアマネジメント支援業務」を行います。

Q63 包括的・継続的ケアマネジメント支援業務における主任介護支援専門員（主任ケアマネジャー）との関係について教えてください。

A 主任介護支援専門員（主任ケアマネジャー）は、包括センターでは、包括的・継続的ケアマネジメント業務の司令塔を担います。主任ケアマネジャーは包括センターだけでなく居宅介護支援事業所にも所属しています。いずれに所属していても、地域の介護支援専門員の育成・支援などを担う役割は共通しているため、互いに連携し、包括的・継続的ケアマネジメント支援を行います。しかし、包括センターは、居宅介護支援事業所の主任ケアマネジャーの存在を必ずしもすべて把握しているわけではありません。そこで、介護支援専門員の地域連絡会の主任ケアマネジャー部会や、主任ケアマネジャー連絡会など、組織化されている主任ケアマネジャーと連携して、人材育成等に取り組むなど、効率的に連携している事例も多々あります。

包括センターの主任ケアマネジャーと居宅介護支援事務所の主任ケアマネジャーは、所属形態は異なっても、共に地域のケアマネ支援の機能を持っているといえます。

介護支援専門員向け研修の企画、介護支援専門員からの相談対応、介護支援専門員と関係機関との意見交換の企画などを両主任ケアマネジャーが協力してできると、大きな効果を発揮することができます。

Q 64 インフォーマルサポートを含めたケアマネジメントが必要な理由を教えてください。

A 人々の暮らしは、福祉や介護、医療、保健だけで支えられるものではありません。人と人とのつながりも大変重要です。地域包括ケア研究会の報告書には、地域包括ケアシステムには、自助、互助、共助、公助が必要だと謳われています。そしてこの４つの「助」はすべて必要で、その総合力が不可欠であるとされています。

インフォーマルサポートの多くは、この「互助」に値するものといえます。「互助」と聞くと、公的な制度にはないボランティア的活動という印象を持つ人も多いのではないでしょうか。もちろん、それも正解です。しかし、本質は、「愛情、信頼、やさしさ」などで提供される極めて自由なものであることを忘れてはいけません。

たとえば、地方の友人から自宅では食べきれないほどの果物をいただいたとします。果物が傷まないうちにご近所におすそわけをすると思います。その際、どのように近所の人を選びますか？　きっと、これまでの関係性でおすそわけをするお宅を選んでいると思います。互助もそれと同様、人と人との関係性により、互助があったりなかったりするわけです。よって、その人が地域のなかでどのような人とどのような関係にあったのかをしっかり把握しなければ、互助を支援につなげることは難しくなります。しかし、包括センターや介護支援専門員がその利用者に出会ったタイミングはすでに何かしらの支援が必要な状態であり、近隣との関係も希薄になり始めていることが多いでしょう。ケアマネジメントを行う際は、以前の関係性などもしっかり聞き取るアセスメントが大切になります。

このように、信頼やネットワーク、社会や地域コミュニティにおける相互関係や結びつきが人の暮らしにとても重要であるという考え方を「ソーシャルキャピタル」といいます。こうしたつながりが社会の効率性を高めるとアメリカの政治学者ロバート・パットナムが提唱しました。

インフォーマルサポートはまさに人と人とのつながりであり、「互助」関係であり、豊かな生活を送るための重要な要素です。介護保険サービスなどの制度の不足を補うためのものでもなければ、代替するものでもありません。その点を理解して、ケアマネジメントに活かしていく意識が必要です。

Column　川崎市の取り組み

川崎市は、介護支援専門員連絡会と市（保険者）と包括センターがそれぞれの専門性を持ち寄り、さまざまな共同事業を行ってきました。その１つが「ケアマネジメントツール」シリーズの作成と周知です。現在までに第３弾まで作成してきました。

第１弾は「訪問介護・ケアマネジメントツール～生活援助の考え方【川崎版】」です。生活援助サービスを適切に利用できるよう確認できるツールです。その後、「ケアプラン確認マニュアル【川崎版】」、「地域資源のつなぎ方【川崎版】」を作成しています。これらのデータを介護支援専門員連絡会のホームページで管理しています。研修やツール、各種団体との意見交換会など、介護支援専門員連絡会の組織力や互助機能は、包括的・継続的ケアマネジメント支援には大変有効な機能といえます。

65

地域ケア会議とはどのような会議ですか。目的や機能も教えてください。

地域ケア会議は、「地域ケア個別会議」と「地域ケア推進会議」の２種類があります。

１．地域ケア会議

「地域ケア会議」は、地域包括ケアを推進するための１つの方法（手段）です。「地域ケア個別会議」で個別ケースの検討を重ねていくにつれ、他の高齢者等の生活へも影響するであろう共通の問題が見えてきます。それが地域課題です。地域課題は、制度やシステム、地域性、住民の意識、支援者側などさまざまな面が原因で発生します。「地域ケア推進会議」は、地域ケア個別会議で明らかになったこのような地域課題を分析し、解決に取り組む機能を果たしていくのです。

しかし、地域課題を解決する方法は地域ケア推進会議だけではありません。たとえば、制度やルールづくり、住民への普及啓発、支援者の研修や意見交換などがあります。その前提のもと、地域ケア会議は、「解決に最も有効な方法は関係者が一堂に会する会議だ」と思われる地域課題を検討する場だと理解しておきましょう。

包括センターの業務は、包括的・継続的ケアマネジメント支援事業に位置づけられていますが、同じ包括的支援事業内の「社会保障充実分」にも「地域ケア会議推進事業」が位置づけられています。社会保障充実分は、市町村が直接行う場合もあります。また、地域ケア会議に独自の名称をつけている市町村もあります。制度上の位置づけを理解したうえで、自分の市町村の地域ケア会議の会議体系、地域ケア個別会議・推進会議の呼称、各会議の運営主体、会議間の連携体制などを確認しましょう。

2．地域ケア会議の目的

「地域ケア会議」は、介護保険法第115条の48に定められています。市町村は、同第1項にあるように、「介護支援専門員、保健医療及び福祉に関する専門的知識を有する者、民生委員その他関係者、関係機関及び関係団体により構成される会議を置くように努めなければならない」とされていますが、参加者（構成メンバー）は、テーマ等によって必要に応じて選定することができます。

地域ケア会議の目的は、「地域包括支援センターの設置運営について」（平成18年老健局3課長連名通知）に以下のように定められています。

①地域ケア会議の目的

ア　個別ケースの支援内容の検討を通じた、

（ｉ）地域の介護支援専門員の、法の理念に基づいた高齢者の自立支援に資するケアマネジメントの支援

（ii）高齢者の実態把握や課題解決のための地域包括支援ネットワークの構築

（iii）個別ケースの課題分析等を行うことによる地域課題の把握

3．地域ケア会議の5つの機能

地域ケア会議には、5つの機能があります。しかし、1回の会議ですべての機能を発揮させることはできません。そのため、市町村の規模などに応じて、会議体系を構築します。

まず、比較的小さなエリアを対象に開催する地域ケア個別会議で発揮されるのが、「個別課題解決機能」です。ここでは、個別の利用者支援事例を検討し、取り扱う事例のテーマは開催目的によってさまざまです。たとえば、自立支援に資するケアマネジメント支援を目的としている場

合（「自立支援型地域ケア会議」とも呼ばれています）は、心身の機能をこれ以上低下させない、または改善させるための方法を検討します。また、地域環境の改善が必要な事例などでは地域課題を蓄積し、解決するために行う場合もあります。介護支援専門員が「支援困難」と感じている事例を検討する場合もあります。

個別事例の検討を行っていくにつれ、地域課題が発見されたり、ネットワークの形成が必要になったり、社会資源開発につながったりすることがあります。市町村全体の問題であれば政策形成にまでつながってくることがあります。

このように、個別課題解決機能を中心に置きながら、総合的に地域課題を解決していく機能を発揮できるのが地域ケア会議です。この場合、すべての機能が連動していくための「会議体系」が重要です。市町村規模、地域課題の状況の具合より、個別事例をどのように積み上げていけばよいか、介護保険運営協議会など全市的な政策課題を検討する場につなげていけるかは、会議体系次第ともいえます。

図表4-5　地域ケア会議の持つ機能

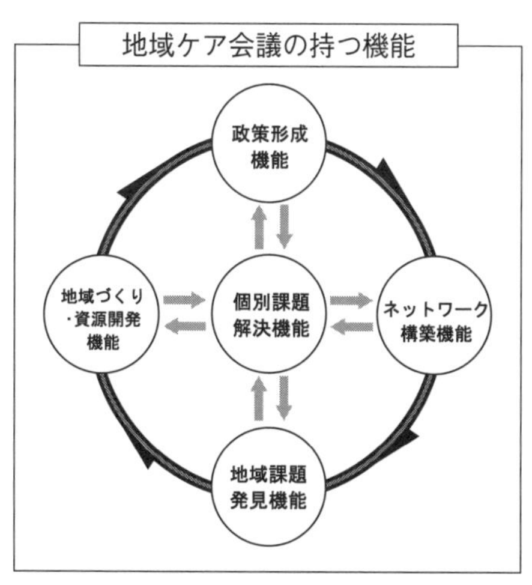

出典：地域包括支援センター運営マニュアル検討委員会編集『地域包括支援センター運営マニュアル3訂』（長寿社会開発センター、2022年）

Q66 地域ケア個別会議と地域ケア推進会議の違いを教えてください。

A 地域ケア個別会議は、主に個別事例を取り扱う会議です。事例の抽出にはさまざまな方法があり、いわゆる支援困難事例を介護支援専門員などから持ち込んでもらう方法がその１つです。実際に利用者支援に関わる人が集まり検討する「サービス担当者会議」とは異なり、地域ケア会議には、さまざまな専門職の参加が可能です。支援を困難にしている要因を多職種で分析し、その解決策を検討することができます。

なお、介護支援専門員等に支援困難ケースの提出を求めてもなかなか事例があがってこないことがあります。介護支援専門員には、2015年度介護報酬改定において介護保険法に基づき、「地域ケア会議において、個別のケアマネジメントの事例の提供の求めがあった場合には、これに協力するよう努めることとする」と位置づけられていますが、①ケアマネ裁判のような場だと思っている、②知恵をもらえる（問題が解決する）期待ができない、③事例をまとめるのが手間、④この程度で支援困難だと思っているのかと思われたくない、などの理由があると、事例提出に二の足を踏まれてしまいます。事例を出してもらえない理由には、地域ケア会議の運営に問題がある場合もあるため、提出されない理由に即した対策を検討することも大切です。

地域ケア個別会議には、心身の状態の維持・改善を目的とするいわゆる「自立支援型地域ケア会議」もあります。心身の老化はやむを得ないものですが、介護が必要になる時期を遅らせることができるのは科学的にわかってきています。介護を要する状態になった原因の約４分の１は骨折、転倒、衰弱であるというデータがあります。これらは、筋力低下や栄養不全、他人との交流の減少などが要因とされています。また、原因は相互に作用していて、入れ歯の不具合などがあることで食欲が低下し、栄養摂取量が落ちることで筋力が低下し、運動量が減り、外出を避けるようになり人との交流も減少、心身活動全般が低下して要介護状態に向かっていくという状態が起きます。いわば負のスパイラルに陥り、要介護状態となるのです。この負のスパイラルをどこかで断ち切るために、地域ケア会議でさまざまな専門職の視点を入れて介護予防の方法を検討します。それが「自立支援型地域ケア会議」です。たとえば会議で歯科の専門職が入れ歯の不具合が負の連鎖の始まりになることに気づくことで、要介護状態になることを防ぐことができます。

個別事例の検討から他の高齢者等の生活にも影響が及ぶであろう地域課題が抽出され、それを「地域ケア推進会議」に上げることで、地域環境の整備や市町村の政策形成へとつなげることができます。

Q67 地域ケア会議での個人情報の取扱いの注意点を教えてください。

A 介護保険法第115条の48第3項、4項には、地域ケア会議で必要と認められるときは、関係者等に資料や情報の提供を求めることができるとされ、関係者等はこれに協力するよう努めなければならないとされています。また、同第5項には、正当な理由なく会議で知りえた秘密を漏らしてはいけないと定められています。さらに、同第205条第2項には、これに違反した場合は、1年以下の懲役または100万円以下の罰金に処すると罰則規定も設けられています。

この規定は、地域ケア会議で必要な個人情報を安心して扱えるようにするために定められました。それまでは、守秘義務のない非専門職の参加を認めることができなかったり、個別事例の検討を躊躇したりする市町村もありました。この規定があることで、地域ケア会議の参加者全員に守秘義務を課すことができます。一方で、この規定があるため、扱う事例の対象者本人の同意までは求めていませんが、道義的に本人同意を原則とすべきという考え方があります。また、本人の同意は難しいが、本人への支援のために地域ケア会議での検討が必要と判断される事例も考えられます。このときは、例外的に、本人同意がなくても守秘義務を根拠に地域ケア会議で取り扱うほうがいいと考えます。

いずれにしても、地域ケア会議の参加者には、必ず事前に介護保険法に定める個人情報の規定や守秘義務、罰則規定などを十分理解してもらうことが必要です。個人情報の規定や守秘義務の旨を書面にして署名を受けている市町村もあるようです。個人情報を守る取り組みは、事例提出者や扱われる本人や参加者の安心感にもつながります。

第5章
介護予防ケアマネジメント

Q68 介護予防ケアマネジメントで押さえておくことはどのようなことですか？

A 押さえておくポイントはたくさんありますが、まず、介護保険の基本理念を押さえましょう。

介護保険法第１条総則（目的）には、介護保険の理念である「尊厳の保持」と「自立支援」についての明記があります。年を重ねていくにつれ、耳が遠くなる、食事量が若い頃に比べて減少する、体力が落ちるなど、体に少しずつ変化が現れてきます。これまで、何気なくできていた買い物や掃除が１人ではできなくなった、持病の悪化などから入退院を繰り返す、服の着替えや食事、入浴を誰かの助けなしにできなくなるなどが発生します。このようなときに介護保険制度による保険給付等のサービスを利用することにより、入浴や食事の介助、リハビリテーションなどを受けることができます。

包括センターは、事業やサービスを利用する利用者が、利用者の尊厳を保ち、利用者が持っている能力に応じた自立した日々の暮らしを営むことができるよう、必要な保健医療サービスや福祉サービスに係る給付を行う調整（マネジメント）を行います。その調整は２種類あり、①要介護１～５の利用者に向けて行う「ケアマネジメント」と、②要支援１・要支援２および事業対象者に向けて行う「介護予防ケアマネジメント」（図表５-１）です。

予防給付のみのサービス調整や予防給付と介護予防・日常生活支援総合事業（総合事業）を組み合わせて調整する場合には介護予防支援として実施します。介護予防・生活支援サービス事業は、多様なサービスがあり、そのサービス類型により簡略化したケアマネジメントが可能であるため、保険者によってケアマネジメントＡ（原則的なケアマネジメント）、ケアマネジメントＢ（簡略化したケアマネジメント）、ケアマネジメントＣ（初回のみのケアマネジメント）が用意されているところもあります。介護予防ケアマネジメントを居宅介護支援事業所に委託する場合には、保険者ごとに総合事業のメニューが異なることを伝え、住民主体の通いの場などのインフォーマルな社会資源についてもよく知っておいてもらうよう留意しましょう。

ほか、基本理念としては、介護保険法第２条に、必要な保険給付を行うことや要介護状態等の軽減または悪化の防止になるよう医療との連携に十分配慮すること、利用者の心身の状況や置かれている環境等に応じて、利用者の選択に基づき、総合的かつ効率的にサービスの選択ができるよう配慮することなどが大切だと記載されています。その調整を要支援者や事業対象者に行うのが介護予防ケアマネジメントです。

ここでは解説していませんが、介護保険第４条・国民の努力及び義務についても押さえておきましょう。

図表５-１　サービス利用の流れ

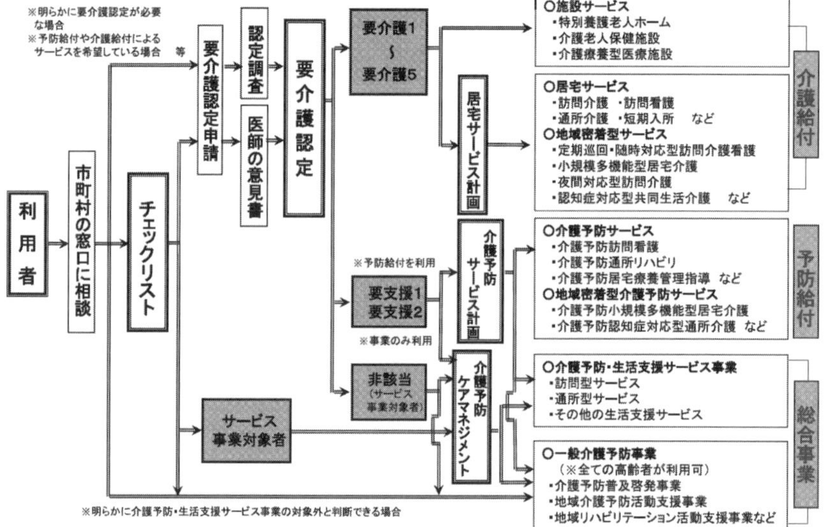

出典：厚生労働省

69

介護予防の基本的な考え方は？

A 「要介護状態の発生をできる限り防ぐこと、「遅らせる」こと、そして要介護状態にあってもその悪化をできる限り防ぐこと、さらには軽減を目指すこと」と定義されています。「介護予防」と聞くと、元気な高齢者が介護を遠ざけるために運動することや栄養のあるものをしっかりと食べ、いろいろな人と交流するというイメージが強く、要支援や要介護状態となったら縁が遠くなるような印象を受けるかもしれません。

実は、もっと広い意味合いがあります。たとえば、体力が落ち、足の力が弱くなって、買い物に行けなくなったとしても、あるいは、脳梗塞等で寝たきりの状態となったとしても、それ以上悪化しないように、改善・維持・悪化の遅延を図ることも「介護予防」なのです。

したがって、サポートする視点で大切なのは、目の前の人の生活や人生を尊重し、できる限り自立した生活を送れるように支援することです。Q68でも紹介した介護保険の基本理念にある「尊厳の保持」や「自立支援」の視点を忘れてはいけません。認知症の人で物忘れが増えていたとしても、たとえば、以前は得意としていた将棋なら、今も楽しみながらできるかもしれません。腰痛がひどく立ったままの調理が難しくなった人なら、座ってできる調理方法であれば可能かもしれません。

介護予防というたった４文字ですが、とても意味深い言葉です。包括センター職員や行政・関係者、住民の理解が進むよう、継続して伝えていく工夫も大切です。

介護予防ケアマネジメントの全体の流れを整理している奈良県生駒市の例を紹介します。

図表５-２　相談受付からサービス利用の流れ

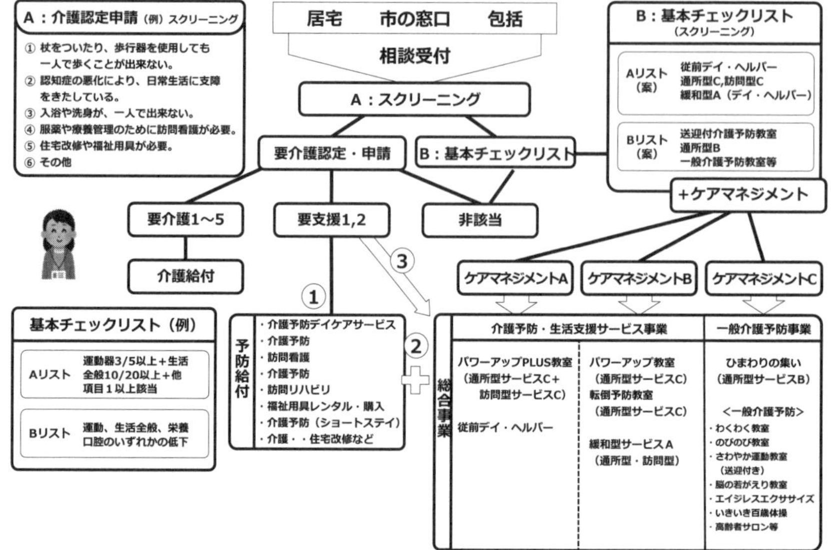

出典：生駒市資料

Q70 介護予防ケアマネジメントに関する根拠法は何ですか？

A ①介護保険法第115条の22、②介護保険法第115条の45第1項第1号ニです。

包括センターが担う介護予防ケアマネジメント業務は、介護保険法に規定する「介護予防支援事業所」の事業所指定を受けて業務を行っています。介護予防支援事業所の指定申請は、あらかじめ自治体が選定した事業所が行うことができ、基本的には包括支援業務を受託する包括センターが指定を受けます。

事業所指定の有効期間は6年間で、指定を受けた事業所は、6年ごとに指定申請の手続きを行わなければなりません。人事異動の際はこの手続きを忘れないようにしましょう。

介護予防ケアマネジメントは、包括センターが指定介護予防支援事業所として実施する①指定介護予防支援（介護保険法第115条の22）と、地域支援事業における介護予防・日常生活支援総合事業として実施する②第1号介護予防支援事業（介護保険第115条の45第1項第1号ニ）があります。一般的に、①②を総称して介護予防ケアマネジメントと呼びます。介護予防ケアマネジメント業務は、契約や請求事務をのぞき、居宅介護支援事業所に一部委託することが可能です。各条文の詳しい内容は、介護保険法を確認してください。

Q71 介護予防ケアマネジメントの対象者は具体的にどのような状態像の人ですか？

A 介護予防ケアマネジメントの対象は、要支援１・要支援２や基本チェックリストに該当した事業対象者※です。

図表５－３では、軽度認定者と呼ばれる要支援１～要介護２の人の身の回りの動作と生活動作を比較しています。要支援１の人は、身の回りの動作はほとんど自身でできることが多い一方、生活行為を見ると、買い物や簡単な調理が難しくなる人が一定数いることがわかります。言い換えると、要支援１程度の人においては、身体介護（体への直接的なケア）の必要性は高くない一方、生活支援の必要性が高くなる傾向があります。そこで、生活行為が少しでも自身でできるようになる、もしくは、機能をこれ以上、低下させないことを目指し、事業やサービスの利用、またセルフケア等の実践等を進めていきます。

なお、要支援２は、洗身自立（入浴動作）やつめ切り動作の自立の割合が要支援１と比べて低下しています。ひざや腰の痛みから浴槽をまたぐことができず、１人での入浴が困難になっているなど自宅の入浴環境なども観察しながら、身体面にも留意し、要支援１とは少し異なる事業やサービス、セルフケア等の提案を行っていく場合があるので留意しましょう。

※基本チェックリストに該当した事業対象者とは、介護保険法施行規則第140条の62の４「厚生労働省が定める基準に該当する第１号被保険者」（以下「事業対象者」）のことをいう。Q78参照。

図表5-3　要支援1〜要介護2の認定調査結果

要支援者のほとんどは、身の回りの動作は自立しているが、買い物など生活行為の一部がしづらくなっている。

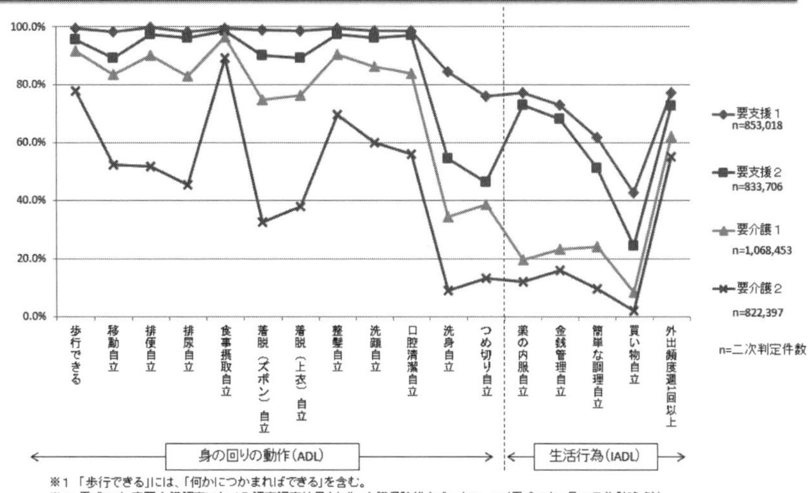

※1 「歩行できる」には、「何かにつかまればできる」を含む。
※2 平成28年度要介護認定における認定調査結果（出典：介護保険総合データベース（平成30年1月15日集計時点））

出典：厚生労働省「「介護予防・日常生活支援総合事業のガイドラインについて」の一部改正について」
（老発0627第7号、令和4年6月27日）

皆さんの街でも同様の傾向があるのか、認定調査結果を確認するのもよいでしょう。

Q72 要支援2と要介護1を行き来する人がいるのはなぜですか？

A 認知機能の低下以外にも、心身の状態が不安定でおおむね6か月以内に再評価が必要な場合などがあるからです。

図表5－4をご覧ください。要支援2と要介護1の判定は、認知機能や思考・感情等の障害により予防給付の利用の理解が困難か、合議体が判断した認知症高齢者の日常生活自立度がⅡ以上かMかによって変わります。困難・Ⅱ以上かMと判断されれば、要介護1です。困難でない、自立または1と判断された場合、おおむね6カ月以内に心身の状態が悪化し、介護の手間が増大することによる要介護度の再検討の必要があれば、要介護1、なければ要支援2となります。

そのため、要支援2の場合、基本的には、おおむね6カ月以内に心身の状態が悪化し、介護の手間が増える見込みにはない人と判定されているため、心身の状態の改善や維持を目指した介護予防ケアマネジメントを行うことが大切になります。

要介護1と要支援2を更新のたびに行き来する人がいる場合、このような判定基準があることを念頭に調整を行うことが必要です。

図表5-4　要支援2・要介護1の振り分け方

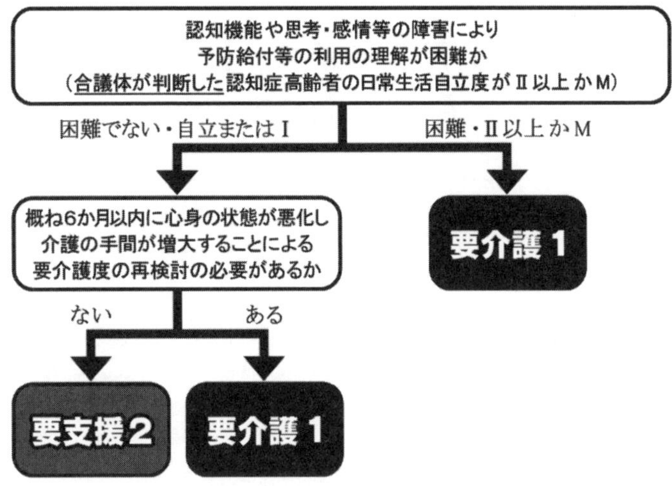

出典：厚生労働省「介護認定審査会委員テキスト2009改訂版」より一部抜粋

73

介護予防ケアマネジメントの実施体制にはどのような方法がありますか？

介護予防ケアマネジメントの実施体制には４つの方法があります。

①市町村直営の包括センターが、直接、介護予防ケアマネジメントを実施する方法

②市町村直営の包括センターが、直接、介護予防ケアマネジメントを実施しながら、居宅介護支援事業所にも一部委託を行う方法

③市町村が包括センターを外部に委託し、委託先の法人等が自ら介護予防ケアマネジメントを実施する方法

④市町村が包括センターを外部に委託し、委託先の法人等が自らも介護予防ケアマネジメントを実施しながら、居宅介護支援事業所に一部委託を行う方法

直営の包括センターは、①または②で、委託の包括センターは、③または④の方法で介護予防ケアマネジメントを実施しています。

図表５-５　介護予防ケアマネジメントの実施の多様な体制

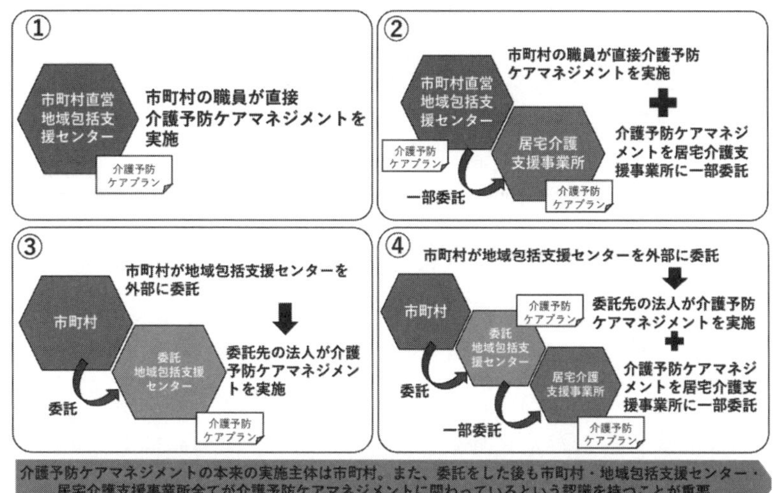

出典：令和３年度一般社団法人長寿社会開発センター介護予防ケアマネジメントオンデマンド研修資料

Q74 生活不活発病の悪循環とはどのような状態ですか？

A 日常生活が不活発になることで心身の機能低下が進み、悪循環に陥るような状態を指します。

たとえば、入れ歯の調整が悪いと感じているＡさんは、かみ合わせがうまくいかないために、肉など高タンパク質の食事がとれなくなっています。食事量もだんだんと減少し、筋力が減り、体力も落ちていきます。そして、外出機会も減り、自宅で過ごす時間が長くなっていきます。

日々の暮らしがどんどん不活発になっていくことで、生活していくための機能が全般的に落ちていくことにつながっていきます。脚力も弱まり、ちょっとした段差でつまずいて転び、大きな骨折につながることがあります。そうなると骨折した部位によっては、手術をして安静の時期を過ごし、そのまま寝たきりの状態になってしまう場合もあります。

最初は、入れ歯の調子が悪いという状態から始まり、あれよあれよと要介護状態になっていく危険性を秘めているという状態を知っておきましょう。たとえば、早めに歯科受診を行い、義歯を調整し、しっかりと栄養がとれるようにするなど悪循環の渦を断ち切ることが大切です。

図表５-６　生活不活発病の悪循環のイメージ

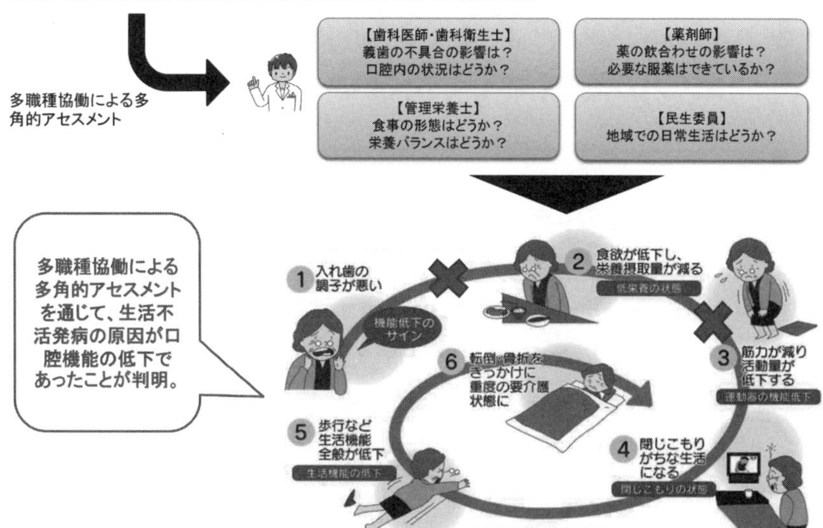

出典：臼杵市資料を厚労省で一部改編（したものを抜粋）

「目が見えづらい」「耳が聞こえにくい」ということも老化と諦めず対処することで。改善できることがあります。早期受診・対応は大切です。

Q 75 介護予防ケアマネジメントの流れについて教えてください。

A 図表５－７のとおりです。

介護予防ケアマネジメントの始まりは、高齢者自身や家族から包括センターに来所や電話などでコンタクトがあり、暮らしを続けていくうえでの困りごとなどの相談を受け付けた時点からです（インテーク）。電話では、困りごとや不安を聞き取りながら、相談者の声色やトーンなどから、耳の聞こえや理解力、人物像を想像します。来所相談では、顔色や会話時の表情、姿勢、歩き方など、電話以上に観察できる情報があります。

次に、相談者がどのような課題を抱えているかをさらに深めて確認するために、自宅を訪問しアセスメント（課題分析）を行います。相談者は日々の生活をどのように送っているのか、どのようなことに対して見守りや手助けが必要なのか、相談者ができる・できていることはどのようなことなのか、などを探っていきます。

そして、相談者に必要なサポート内容をはじめ、総合事業や予防給付、地域のインフォーマル資源で補うことを盛り込んだケアプランの原案を作成し、関与するチーム（サービスや事業の担当者など）とサービス担当者会議を開催し、意見を聴取後、本人の同意を得てプランを確定します。このようにして、サービスや事業が提供されるようになります。その後は定期的にモニタリング（経過の観察・確認等）を行いながら、サービスや事業の変更が必要ないかを検討していきます。ケアプランの有効期間が過ぎる前には評価を行います。再アセスメント後に新たなプランが作成されることもあれば、当然、元気になられて終結に至る場合もあります。多様なサービス利用時の目安（案）を紹介します（図表５－８）。

図表５-７　介護予防ケアマネジメントの流れ

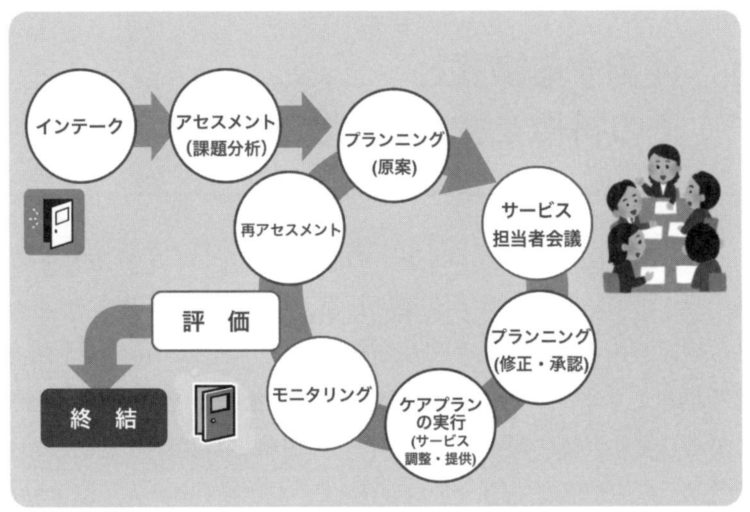

出典：令和３年度一般財団法人長寿社会開発センター介護予防ケアマネジメントオンデマンド研修資料

図表５-８　多様なサービス利用の目安（案）

	サービスC	緩和型A	緩和型B	従前相当
日常生活自立度	J1～A2 自立～Ⅱ	J1～A1 自立～Ⅰ	自立～J2 自立～Ⅰ	J1～A2 自立～Ⅱ
疾病の安定度	病態が安定	病態が安定	病態が安定	病態が不安定含む
運動・活動制限	無	無	無	有を含む
入浴の支援	間接的支援（環境整備）	無	無	有
送迎の有無	有	有	無	有
生活行為の改善・維持・悪化の可能性	改善	維持	維持	改善・維持・悪化
主な利用者像	・自立歩行から杖歩行 ・爪切りが困難 ・一人での入浴が困難 ・かがんで行う掃除が困難 ・立位での調理が困難 ・買い物や外出が困難 ・洗濯物干しが困難 ・その他	・自立歩行から杖歩行 ・一人での入浴は可能 ・調理も一人で可能 ・買い物・掃除は見守りや一部サポートが必要 ・公共交通機関の利用や自家用車の運転は困難 ・その他	・短距離なら自立歩行や杖歩行は可能 ・買い物・掃除は自立～見守り・サポート必要 ・公共交通機関の利用は可能 ・物忘れがあっても集団活動が可能 ・その他	・自立歩行から杖歩行 ・買い物・掃除は見守りやサポートが必要 ・運動不可もしくは軽体操のみ可能 ・入浴支援が必要な者 ・物忘れがある者で集団の活動に馴染みにくい者
疾患例	骨・関節疾患 生活習慣病 軽度認知症 廃用症候群 神経難病（教育的） 脳血管疾患等	骨・関節疾患 生活習慣病 廃用症候群等	骨・関節疾患 生活習慣病 廃用症候群等	急性期疾患 進行癌 進行性難病 認知症 精神疾患等

出典：生駒市での取り組みをもとに田中明美作成

Q76 使用する様式とその特徴を教えてください。

A 介護予防ケアマネジメントの関連様式には、①利用者基本情報、②介護予防サービス・支援計画書、③介護予防支援・介護予防ケアマネジメント（第１号介護予防支援事業）経過記録、④介護予防支援・介護予防ケアマネジメント（第１号介護予防支援事業）サービス評価表などがあります。特に押さえておきたいポイントは以下のとおりです。

１．利用者基本情報

・日常生活自立度には、計画作成者が判断した自立度を記載する。

・緊急連絡先は重要。なぜ聞いておくのか、必要性を伝えたうえで聞き取る。

・裏面の介護予防に関する事項の欄には、ケアプランを作成する際の目標設定時にも活用できるよう、今までの生活や趣味・楽しみ・特技や友人、地域との関係などを丁寧に聞き取る。その際、本人が話していて不快な気持ちにならないように留意する。

２．介護予防・サービス支援計画書

・「アセスメント領域と現在の状況」には、要支援状態になっている状況についての事実のみを記載する。ここにはなぜそうなっているかの背景や原因は記載しないことがポイント。

・「本人・家族の意欲・意向」には、その状況を本人・家族がどう思っているかを聞き取り、そのままの言葉で記載する。

・「領域における課題」には、なぜ、アセスメント領域と現在の状況のような状態になっているかについて、その背景や原因を記載する。

・「総合的課題」には、それぞれの領域の課題が同じ理由や、背景によって生活機能の低下が見られる場合には、課題をまとめる。複数の課題がある場合は、優先順位を決めて、1、2と分けていく。

・「課題に対する目標と具体策の提案」には、ご本人や家族とのやりとりの中で、専門家として考える目標とその目標が達成できるような具体的な取り組みについて記載する。

・「具体策についての意向（本人・家族）」には、専門家として計画作成者が立案した提案に対して、どう思ったかを記載する。難しいと感じた場合には、どこが難しいか、こういったことならがんばれそうだなどを記載する。

・「目標」には、提案されたものでよければ「提案どおり」と記載する。

・「支援計画」には、利用するサービスや事業の種別を記載し、どこの事業所等をどのくらいの期間利用するかを決め、それは介護保険サービスなのか、地域支援事業なのかを明記する。目標達成のために支援者が特に留意すべき事項は、「目標についての支援のポイント」に記載する。

・「支援計画」には本人等のセルフケアや家族支援、インフォーマルサービスも記載する。

・「本来行うべき支援が実施できない場合」の欄には、地域の資源が不足している状況なども記載することで、資源の開発につながっていくことも期待される。包括センターはここの記載も丁寧に行い、不足の状況を数量的に保険者に示していくことも大切。

3．介護予防・介護予防ケアマネジメント（第1号介護予防支援事業）経過記録

・主に利用者や家族の相談内容や事業所に相談・連絡した内容や他機関と連携した内容、サービス担当者会議やモニタリングの内容などを記

載する。

・計画作成者として専門的に観察・判断したことも客観的に記載する。

4．介護予防支援・介護予防ケアマネジメント（第1号介護予防支援）サービス評価表

・目標が達成されたか否かを記載する。特に目標が達成されなかった場合には、その原因をしっかりと振り返り、次のプランに活かすことが大切。

77 利用者基本情報を上手に活用するにはどうしたらいいのですか？

A 利用者基本情報は初回の相談時に作成しますが、記載した内容に変更が生じた場合は、変更点を記入するペンの色を青色や赤色等に変えて更新日時とともに記載すると、あとで確認した際、利用者の心身の変化の移り変わりを把握しやすくなります。

たとえば、以下のような項目です。

①障害高齢者の日常生活自立度や認知症高齢者の日常生活自立度
②緊急連絡先の変更（氏名・住所・電話番号等）
③家族の構成
④疾病（新たな病気、治癒した病気や治療内容の変更など）
⑤認定の区分や有効期限
⑥介護予防に関する特記すべき事項（趣味や近隣との関係の変化など）

包括センター内でこのようなルールを決めて共有することで、異動等により担当者が変わった後も対象者の時系列の変化が見て取れると思います。

介護予防に関する特記すべき事項は、ケアプランを作成する際のアセスメントや目標設定時に役立ちますので、詳しく聞いておきましょう。

図表５-９　利用者基本情報

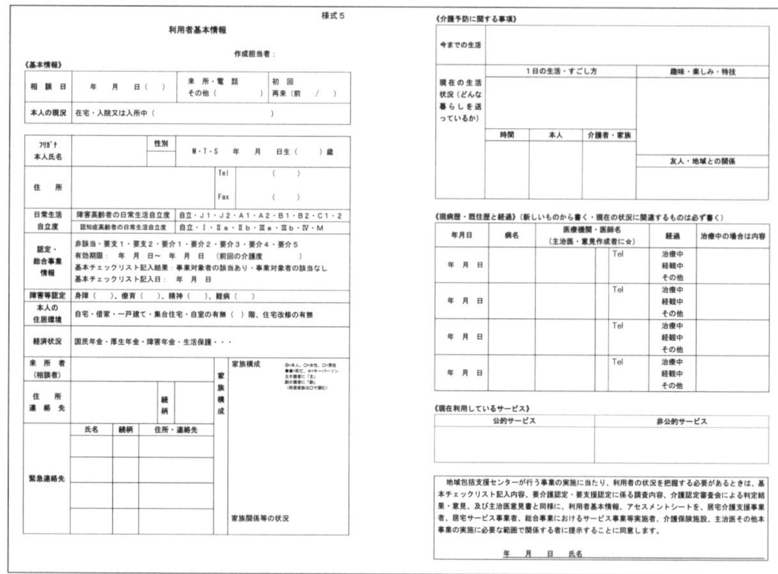

様式５

利用者基本情報

作成担当者：

《基本情報》

相談日	年　月　日（　）	来所・電話 その他（　）	初回 再来（前　／　）
本人の現況	在宅・入院又は入所中（　）		

ﾌﾘｶﾞﾅ 本人氏名		性別	M・T・S　年　月　日生（　）歳
住所		Tel（　） Fax（　）	
日常生活自立度	障害高齢者の日常生活自立度	自立・J１・J２・A１・A２・B１・B２・C１・２	
	認知症高齢者の日常生活自立度	自立・Ⅰ・Ⅱa・Ⅱb・Ⅲa・Ⅲb・Ⅳ・M	
認定・総合事業情報	非該当・要支１・要支２・要介１・要介２・要介３・要介４・要介５ 有効期限：　年　月　日～　年　月　日　（前回の介護度　） 基本チェックリスト記入結果：事業対象者の該当あり・事業対象者の該当なし 基本チェックリスト記入日：　年　月　日		
障害等認定	身障（　）、療育（　）、精神（　）、難病（　）		
本人の住居環境	自宅・借家・一戸建て・集合住宅・自室の有無（　）階、住宅改修の有無		
経済状況	国民年金・厚生年金・障害年金・生活保護・・・		

来所者（相談者）			家族構成
住所連絡先		続柄	

家族構成　◎=本人、○=女性、□=男性　●■=死亡、☆=キーパーソン　主介護者に「主」　副介護者に「副」（同居家族は○で囲む）

家族関係等の状況

緊急連絡先	氏名	続柄	住所・連絡先

《介護予防に関する事項》

今までの生活				
現在の生活状況（どんな暮らしを送っているか）	１日の生活・すごし方			趣味・楽しみ・特技
	時間	本人	介護者・家族	友人・地域との関係

《現病歴・既往歴と経過》（新しいものから書く・現在の状況に関連するものは必ず書く）

年月日	病名	医療機関・医師名（主治医・意見作成者に☆）		経過	治療中の場合は内容
年　月　日			Tel	治療中 経観中 その他	
年　月　日			Tel	治療中 経観中 その他	
年　月　日			Tel	治療中 経観中 その他	
年　月　日			Tel	治療中 経観中 その他	

《現在利用しているサービス》

公的サービス	非公的サービス

地域包括支援センターが行う事業の実施に当たり、利用者の状況を把握する必要があるときは、基本チェックリスト記入内容、要介護認定・要支援認定に係る調査内容、介護認定審査会による判定結果・意見、及び主治医意見書と同様に、利用者基本情報、アセスメントシートを、居宅介護支援事業者、居宅サービス事業者、総合事業におけるサービス事業等実施者、介護保険施設、主治医その他本事業の実施に必要な範囲で関係する者に提示することに同意します。

年　月　日　氏名

出典：令和4年3月28日付（老発0328第1号）地域支援事業実施要綱

ポイント

①相談経路：誰からの相談なのかを記載

②日常生活自立度：計画作成者で認識したものを記載

③緊急連絡先

④家族構成：なぜ聞き取る必要性があるかを十分に説明したうえで聴取

⑤介護予防に関する事項：活動や参加を考える場合や目標設定するために重要な項目

⑥現病歴や既往歴：サービスや事業の利用や健康管理に関して重要な項目

Q78 基本チェックリストから どのようなことが読み取れますか？

A 基本チェックリストからは、高齢者の生活機能が低下しているかどうかの大枠のスクリーニングが可能です。

図表５-10の基本チェックリストのとおり、７項目は生活機能低下における目安が記載されている項目です。あくまで本人の主観で記載するものであり、記載後の記述内容を改めて精査する必要があります。

たとえば、運動器の機能低下を探る質問項である項目６～10には、「No.6 階段を手すりや壁をつたわらずに昇っていますか」、「No.7 椅子に座った状態から何もつかまらずに立ち上がっていますか」、「No.10 転倒に対する不安は大きいですか」という内容があります。これらは後期高齢者、特に80歳を超えると該当者が増えます。しかし、他は該当しない場合や、転倒が怖いから手すりをつかむようにしている場合も考えられます。転倒に不安がないかと問われたら、心配性の人なら「はい」と答えるでしょう。よって、この３項目のみ該当したからといって、すぐにデイサービスの利用が必要と判断するのではなく、他にもいろいろと確認しながら、地域の通いの場で活動量を上げられる可能性などを確認します。

一方、複数の項目に該当がある場合には、それらの関連性を考えます。脊柱管狭窄症（せきちゅうかんきょうさくしょう）などの病気を患っているならば、不安定な症状のために痛みが増強し、長距離の歩行が難しくなります。そのため、自宅の中で過ごす時間が増え、外出機会も減少します。体力の低下に伴い意欲も落ちていけば、気持ちもふさぎ込んでしまうでしょう。食事量も減るかもしれません。このようなケースの場合、チェックリストでは、運動器の項目、閉じこもりの項目、生活機能全般の項目、加えて、栄養やうつ症状の項目なども該当する可能性があります。このように、基本チェックリストは生活機能低下の有無を見分ける大切な帳票です。

基本チェックリストに含まれていない疾病や健康管理、買い物、掃除、入浴などの日常生活上の困りごとについては、利用者基本情報の聞き取りの際での工夫で聞き取りは可能です。この２つの帳票からもおおよその心身の状態像が見極められることを押さえておきましょう。

図表５-10　基本チェックリスト

記入日：　　年　　月　　日（　　）

氏名		住　所		生年月日	
希望するサービス内容					

No.	質問項目	回答：いずれかに○をお付けください	
1	バスや電車で１人で外出していますか	0. はい	1. いいえ
2	日用品の買い物をしていますか	0. はい	1. いいえ
3	預貯金の出し入れをしていますか	0. はい	1. いいえ
4	友人の家を訪ねていますか	0. はい	1. いいえ
5	家族や友人の相談にのっていますか	0. はい	1. いいえ
6	階段を手すりや壁をつたわらずに昇っていますか	0. はい	1. いいえ
7	椅子に座った状態から何もつかまらずに立ち上がっていますか	0. はい	1. いいえ
8	１５分位続けて歩いていますか	0. はい	1. いいえ
9	この１年間に転んだことがありますか	1. はい	0. いいえ
10	転倒に対する不安は大きいですか	1. はい	0. いいえ
11	６ヶ月間で２～３kg 以上の体重減少がありましたか	1. はい	0. いいえ
12	身長　　　cm　　体重　　　kg　（ＢＭＩ＝　　　　）（注）		
13	半年前に比べて固いものが食べにくくなりましたか	1. はい	0. いいえ
14	お茶や汁物等でむせることがありますか	1. はい	0. いいえ
15	口の渇きが気になりますか	1. はい	0. いいえ
16	週に１回以上は外出していますか	0. はい	1. いいえ
17	昨年と比べて外出の回数が減っていますか	1. はい	0. いいえ
18	周りの人から「いつも同じ事を聞く」などの物忘れがあると言われますか	1. はい	0. いいえ
19	自分で電話番号を調べて、電話をかけることをしていますか	0. はい	1. いいえ
20	今日が何月何日かわからない時がありますか	1. はい	0. いいえ
21	（ここ２週間）毎日の生活に充実感がない	1. はい	0. いいえ
22	（ここ２週間）これまで楽しんでやれていたことが楽しめなくなった	1. はい	0. いいえ
23	（ここ２週間）以前は楽にできていたことが今はおっくうに感じられる	1. はい	0. いいえ
24	（ここ２週間）自分が役に立つ人間だと思えない	1. はい	0. いいえ
25	（ここ２週間）わけもなく疲れたような感じがする	1. はい	0. いいえ

（注）ＢＭＩ＝体重(kg)÷身長(m)÷身長(m)が 18.5 未満の場合に該当とする

出典：令和4年3月28日付（老発0328第1号）地域支援事業実施要綱

Q79 行政の窓口（介護保険課や地域包括ケア推進課※等）ではどのようなことができますか？

A 行政の窓口では、介護保険利用の希望者に対して、申請書を渡して受け付けをするだけでなく、どのようなことに困って来庁したのかを確認しながら、心身の状態像を簡単に聞き取れる帳票等を作成することが考えられます。

奈良県生駒市では、明らかに要介護等の認定結果が出る人をスクリーニングする方法（図表５-11）を作成し、スクリーニングの結果、明らかに要介護である人の介護申請を受け付けます。そうでない人に対しては、基本チェックリストの説明を行い、同意を得られれば、窓口で基本チェックリストを記載してもらい、総合事業等での対応が可能かを考えます。

また、福岡県大川市では、生駒市とは反対に、「まだまだできていることがありますね」と気づいてもらえる帳票（図表５-12）を作成しています。できていることが多い場合、基本チェックリストの説明に同意が得られれば、窓口で基本チェックリストを記載してもらい、総合事業等での対応が可能かを考えます。

このように、保険者として、目の前の人が何に困っておられるのかを窓口でも丁寧に確認しながら、適切な支援に結びつけられるような工夫をすることが重要です。

そのほか、初めて介護保険サービスを利用する人や家族には、介護保険法第２・４条を説明している市町村もあるようです。

※介護予防・日常生活支援業務総合事業を担当する課等

図表５-11　生駒市の窓口スクリーニング

窓口アンケート

まず、お尋ねします。
下記の①～⑥で該当する項目はありますか？該当するところのチェック欄に○印を付けてください。

	項目	該当に○
①	杖をついたり、歩行器を使用しても一人で歩くことができない	
②	認知症の悪化により日常生活に支障をきたしている	
③	入浴や体を洗う行為が一人でできない	
④	服薬や病気の管理のために訪問看護サービス利用を考えている	
⑤	住宅改修や手すり等の設置や福祉用具のレンタルや購入の希望がある	
⑥	家族の介護力に問題があり、特に長時間の預かりの場を求めている	

（注意）４０歳～６４歳の第２号被保険者は、総合事業を利用する場合でも必ず認定が必要です。

上記項目に該当する場合には、要支援・要介護認定の申請をおすすめします。
上記項目に該当しない場合には、総合事業の利用対象者である可能性があります。
①総合事業のみの利用であれば、要支援・要介護認定の申請を行わなくても、別紙のようなサービスを利用することができます。
②基本チェックリストに回答いただき、事業対象者と決定されれば、通常の要介護・要支援認定（約１ヶ月程度）の申請より短い期間でサービス利用ができます。
基本チェックリストへの回答および地域包括支援センターに情報提供することに同意される方は、裏面の氏名欄の記入の上、基本チェックリストにご記入ください。

出典：生駒市

図表５-12　大川市の窓口スクリーニング

窓口アンケート

まず、お尋ねします。下の①～⑥で該当する項目はありますか？
該当する所のチェック欄に○印を付けてください。

	項　目	該当する場合 チェックを記入
①	杖をついたり、歩行器を使用して一人で歩くことができる	
②	認知症の悪化により日常生活に支障をきたしていない	
③	入浴や体を洗う行為が一人でできる	
④	服薬や病気の管理のための訪問看護サービス利用を考えていない	
⑤	住宅改修や手すり等の設置は今のところ必要ない。レンタルや購入したい福祉用具はない。	
⑥	家族の介護力に問題なく、特に長時間の預かりの場を求めていない	

（注意）４０歳～６４歳の第2号被保険者は、総合事業を利用する場合でも必ず認定が必要です。

①～⑥にすべて該当する方は、まずは総合事業を利用してみませんか？

総合事業は以下のような特徴があります。

① 要支援・要介護認定の申請を行わなくても別紙のようなサービスを利用できます。

② 基本チェックリストに回答いただき、事業対象者と決定されれば、通常の要介護・要支援認定（約１ヵ月）の申請より短い時間でサービス利用できます。

基本チェックリストに回答してもらうことへの同意される方、地域包括支援センターに情報提供することに同意される方は、裏面の氏名欄の記入の上、チェックリストにご記入下さい。

出典：大川市

Q80 アセスメントのコツはありますか？

A アセスメントとは、情報収集と課題分析までをいいます。
アセスメントのコツは、その人をよく知ることです。

Q72図表5-4でも紹介していますが、要支援1であればADL（日常生活動作）はほぼ自立しています。要支援2になると少しその状況が変わり、ADLは自立、見守り、少し介助が必要な場合もあるという程度です。IADL（生活行為）については、どうでしょうか。

要支援1でも、「腰痛等があり、かがむ姿勢が取りづらく、掃除が不十分にできない」、「下肢筋力や体力の低下により歩行距離が縮小し、買い物に行けなくなる、バスの乗降が難しくなる」といった日常生活に支障が出てくる人が増えてきます。まずは、こうした状態像をしっかりと整理します。そのうえで、なぜ、そうなっているかの原因を分析します。体力・気力が落ちる背景は人それぞれ異なります。皆、同じ理由ではありません。ここがアセスメントのポイントです。

Aさんは、婚姻歴がなく、1人暮らしで家族のようにかわいがっている犬がいましたが、散歩中に車にひかれて、亡くしてしまいました。大切な存在を急に失う悲しみは時間を経ても癒やされず、気持ちが沈む日が続き、食欲もわかずどんどん痩せていき、気力も失い、歩行能力も体力も急激に低下し、要支援の状態になりました。Aさんの場合は、このような悪循環の渦を断ち切る支援が必要です。夜は眠れているのか、悲しみを分かちあってくれる人がいるのか、入浴や着替えなども億劫になっていないか、どのような食事をしているかなど、うつの症状にも注意して情報を収集しながら、課題整理をします。

Ｂさんは、腰椎すべり症で足にしびれと痛みがあり、いろいろとチャレンジしたいものの痛みのために動きづらさが続き、筋力低下が進み、要支援の状態になりました。Ａさんにはつらい気持ちに寄り添いながら必要に応じて専門の医療にかかるよう受診勧奨する支援をする一方、Ｂさんには、しびれや痛みの軽減に関する治療の継続と、廃用性が進まぬよう疼痛管理をしながら活動性を上げる支援をします。

アセスメントのコツは、生活機能の低下が起きた背景や原因を丁寧に探ることです。アセスメントは、健康管理や疾病に関することや、個々人の生活史や価値観、友人や家族との関係や自宅内外の環境など、さまざまな要素を踏まえて課題の整理を行います。知識や経験も必要ですが、誰が実施しても一定の情報を収集できるよう、独自でアセスメントシートを作成している市町村もあります。奈良県生駒市のアセスメントシートをご紹介します。

図表５-13　生駒市の二次アセスメントシート

生駒市版　二次アセスメントシート

出典：生駒市

Q 81 利用者の自立支援のため、サービス担当者会議を上手に活用するコツはありますか?

A サービス担当者会議では、利用者の自立支援のためにどのような一押しが必要かを考えることが大切です。

自立支援は、たとえば利用する場所の座る席１つでも変わることがあります。Ａさんは頻尿が理由でデイサービスに行くのを拒否していましたが、説得して試験的に利用を開始することになりました。しかし、トイレの場所の遠さが不安で、トイレのことばかり気にしています。この時、「やっぱり気兼ねなく過ごせる自宅がいい」とならぬように席を考慮することで、施設に通うイメージが変わる場合もあります。この少しの配慮が、単に利用するだけでなく、「運動器の機能向上プログラムに参加してみようかな」と他のことへの前向きな変化につながる可能性もあります。

カラオケが大好きなＢさんは、カラオケができるデイサービスを選択しましたが、歌う人が少ない曜日を選択することでより自分が歌う楽しみが増える可能性があります。このように、利用日の選択なども重要ですので、Ａさん、Ｂさんにとってどのような配慮・工夫ができるかは、担当者会議などでいかに利用者の特性を伝えきることができるかにもかかっています。この点を事業所との関係性を構築しておくことで、工夫や配慮もスムーズに進められます。

サービス担当者会議を有意義な会議とするために必要なのは、あらかじめ、会議で確認したい点や議論を深めたい点を確認しておくことです。この点を会議開催日程の調整時点から伝えておけば、検討時間も確保できます。サービス担当者会議を開くことにより、利用者のケアプランの目標に対する支援のポイントなどが深まる可能性もありますので、有効な会議の場にする工夫をしましょう。

82

介護予防のための地域ケア個別会議に前向きに参加してもらうコツはありますか？

A　地域ケア個別会議に参加を促すコツは、地域ケア会議のビジョンを示し、開催目的・意義を明確にしたうえで関係者と共有することです。

地域ケア個別会議（Q65参照）に参加することが本人・家族にとって意義があり、また、ケアプランの立案者やサービス提供事業所にとっても役立つ会議であれば、時間を使ってでも参加する意義はあると考える人は増えるでしょう。

通常、地域ケア個別会議では、本人に関わっていない多職種の専門家との質疑応答や、なかなか前向きに取り組む気持ちになれない利用者に行動変容をもたらす働きかけのコツなどプラスの要素を知ることができる場です。グランドルールを作成するなど、安心してその場に入れる雰囲気づくりも求められます。

あわせて、介護予防ケアマネジメントや地域づくりなどの勉強会なども事前に開催しておき、参加者が目的などを共通理解したうえで参加ができるようにしたり、先行事例を知り、自分の市町村にとって最良だと思える方法を関係者と共に対話を重ねながら考えたりするなど、納得した会議の形を作り上げるプロセスも検討しましょう。

地域ケア個別会議を重ねていくと地域課題が見えてきます。その課題に対して解決につながるような提案を、地域ケア推進会議や第２層協議体、あるいは既存の会議体などにあげていきながら、施策形成や地域づくりなど結果が伴うデザインをつくりあげましょう。

83

目標設定が難しいとよく聞きますが、どうしたらうまくいきますか？

A 目標設定のコツは、課題分析を行う個別面談の際に、目の前の相談者の今の暮らしだけでなく、今までの暮らしぶりに関心を寄せ、どのように過ごされてきたのかをしっかりと聞き取ることです。

慣れないうちは、計画書を埋めるために必要な項目を順に聞き取ろうとしてしまいがちです。この場合、相談者からは、「特にしたいことはありません」、「今を維持できればそれで十分です」といった言葉しか出てきません。前述のとおり、要支援の状態像は、要介護状態に比べて極めて限定されていて判断がしにくく、そのためしっかりとした聴取が必要です。

また、その状態に至った背景を振り返る会話から起点となった出来事を探ります。今後の可能性を見極めるため、楽しみ、今も努力していること、交流している人、過去に交流していた人、家族との関係性、好きな時間、好きな場所などを丁寧に聞きます。

年齢や疾病にも着眼しましょう。たとえば、新規申請の多い年齢層よりもはるかに上の年齢の申請者のケアプランを作成する場合、「すごいですね、通常、○歳くらいで認定を受けることが多いのですが、Ａさんは平均より７年も元気で過ごされた期間が長かったようですね。食事に気を遣っておられたのですか？　それとも運動を日課にされていたのですか？　どのようなことに気を配り、日々の暮らしを送られたのか、教えていただけませんか？」などと質問してみるのも、その人を知る方法の１つです。

このようなやり取りから、１日の目標が見えてきます。たとえば、90

歳で新規申請をしたＡさんは毎日１時間の散歩が日課です。転倒して胸を強く打撲し、圧迫骨折したせいで、安静時期に一気に筋力低下が進み、要支援の状態に陥っていました。Ａさんの話を聞いているうちに、一回り下の仲のいい友人が近隣にいて、その友人と一緒にサロン通いすることがとても楽しみだったことがわかりました。そこで、ケアプランでは、一気に低下した体力と筋力を向上させるための事業に有期限で参加し、回復したら今までどおりの生活に戻ることを考え、目標を一緒に立てることにしました。Ａさんの１日の目標を「ラジオ体操を毎日、朝・夕の２回行う」とし、日課に負担の少ない体操を提案しました。３か月の目標に「体力・気力・筋力をアップさせ、友人と再び、サロンに通う」、１年後の目標に「高齢者の集いで、手縫いした洋服を披露する」を共に考えました。

目標設定で大切なのは、相談者を知ろうとする姿勢です。相談者を知ることで最適な目標を提案できます。その際、注意すべき視点は、アセスメントした際の課題解決にもつながるような目標にすることです。単なる希望を目標に置き換えるのではないことに留意しましょう。

一方、比較的若い年齢で脳梗塞などを引き起こして新規申請する人もいます。この場合は、リハビリでのがんばりや早期に受診・治療ができたことで後遺症が少なく済んだのかもしれません。そのような背景を探り、努力を承認しつつ、再発を引き起こさないために、日々の暮らしの立て直しや次に挑戦してみたいことなどを尋ねると、具体的な目標が見えてくると思います。目標を「今を維持したい」としたケアプランをよく目にしますが、心身の機能は、何もせずにいると加齢に伴い機能が低下していきます。「維持するためにデイサービスを利用する」など、サービス利用が目的の目標を設定するのではなく、相談者の暮らしそのものに焦点が当たった目標設定を意識しましょう。

84 セルフケアをスムーズに推進するにはどうしたらいいですか？

A　まず、相談者に対して、セルフケアがどのように役立つかを説明することです。

「つまずきやすい」という相談者に対して転倒・骨折予防のセルフケアをすすめるのと、肩が上がりにくく洗濯物を干せずに困っている相談者に上腕や肩関節のストレッチをすすめるのは、目的が異なります。大切なのは、なぜセルフケアが必要か、このセルフケアを行うことでどのようなメリットがあるかを伝え、理解してもらうことです。また、正しい動きをすることが求められている場合があるため、利用中のサービス提供事業所等との連携・連動も必要になることがあります。

廃用症候群等で活動量を高めるためのセルフケアの提案であれば、日常生活動作表（図表５－14）を活用し、自宅内での活動量の目安を伝えるだけで、「掃除機をかけられるようになったので、まずは自室、次は台所など室内を順にきれいにすることで活動量○％向上」というような目標が立てられるようにもなるでしょう。下肢筋力向上のために必要なスクワットなら、トイレで用を足した後にそのままトイレでスクワットをするように行動をパターン化してしまうなど工夫すると、取り組みやすいかもしれません。調理をしているときに足首の運動を組み込むのも、簡単で習慣づけしやすいですね。図表５-14には自宅での活動量の向上に向けた目安が記載されていますので、参考にしてみましょう。

図表５-14　日常生活動作表

出典：厚生労働省 平成26年度介護予防ケアマネジメント研修テキスト

Column　介護予防・日常生活支援総合事業を改めて考えてみる

2000年４月に介護保険法が施行され、幾度と改正がなされてきました。なかでも2014年改正（2015年４月施行）では、地域包括ケアシステムの構築に向けた地域支援事業の充実（在宅医療・介護連携、認知症施策の推進等）や全国一律の予防給付（訪問介護・通所介護）を市町村が取り組む地域支援事業に移行し、「介護予防・日常生活支援総合事業」という名称でサービスや事業を多様化できるようになりました。

多くの市町村が地域の実情に応じた多様なサービスを多様な主体で展開するにあたり、地域をデザインすることが求められていますが、自治体職員の中にはそのデザインを描けず苦しんでいる人もいると思います。しかし、要支援１・２の人や事業対象者は、とても幅広い心身の状況にあることを知っておいてください。限りなく要介護１や２に近い人から自立（非該当）相当に近い人までが含まれます。

同居の家族がいれば、掃除や買い物、調理や洗濯などを補ってくれるかもしれません。身体状況が安定している単身の高齢者へのこうした生活援助は、必ずしも有資格者でなくても元気な高齢者や若い世代が新たな支援者となり、サポートできる体制（訪問型サービスＡ・訪問型サービスＢ）を組むこともできます。ほかにも病態の安定している人には、人員基準を緩和した通所型サービスＡ、短期間・集中してケアをして自立に導く通所型サービスＣ、訪問型サービスＣなどの事業も構築できます。さまざまな地域の実情に応じた事業が展開できるようになっているため、ケアプランを振り返り、どのようなサービスや事業があれば、地域の高齢者のためになるかを考えてみてください。訪問介護等の人材不足で悩む包括センターや市町村は、相談者が元気を取り戻すための事業構築による担い手不足解消、相談者の介護予防のためにもなる互助の仕組みづくりの構築などを考えていただければと思います。その際、包括センター等が立案しているケアプランの内容も加味しながら考えましょう。

Q 85 介護予防ケアマネジメントの適正化を行う工夫は何ですか？

A 適正化の方法にはいろいろありますが、一例を紹介します。

①適正化を行える職員を市町村（保険者）に配置して定期的にケアプラン点検を実施

主任介護支援専門員や介護支援専門員、保健師等を配置し、定期的に条件付けを行ったうえでケアプランを回収し、自立支援や重度化防止に向けた内容であるか、課題に即したサービス内容になっているかなどを点検する。

市町村（保険者）によっては、図5-15のように、独自の介護予防点検（確認）支援マニュアルを作成しているところもあります。

②外部講師を招き、ケアプラン点検・確認支援を実施

テーマを決めてケアプランの自己点検後に振り返りをしてもらったうえで、ケアプランを保険者に提出し、外部講師とのヒアリングを通してよりよいプラン作成に向けて気づきを促す面談を実施する。

③地域ケア個別会議を活用しながらプランの適正化を実施

ケアプラン点検とあわせて給付の動向を確認しながら、特定のサービスに偏りがあるなど課題に即したプランを抽出し、地域ケア個別会議にて検討する。

図表5-15　生駒市介護予防ケアマネジメント点検（確認）支援マニュアル

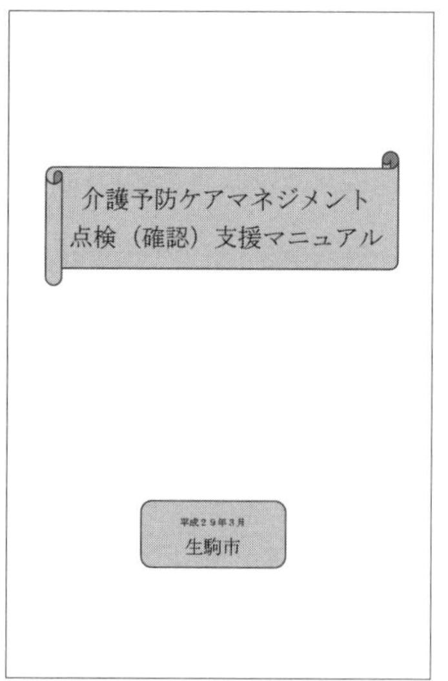

介護予防ケアマネジメント
点検（確認）支援マニュアル

平成２９年３月
生駒市

5．ケアプラン点検（確認）支援の流れ

図１　ケアプラン点検の手順[1]

[1] 川崎市介護支援専門員連絡会・川崎市健康福祉局長寿社会部介護保険課「ケアマネジメントツール　～ケアプラン確認マニュアル～【川崎版】」　第２版（p.3、2014年10月1日）より一部改変。

（２）基本チェックリスト

No	☑	質　問　内　容　（例）
1	□	どのような状況で記入されましたか（回答者は誰か）。
2	□	記入された内容と実際の生活について差異はないでしょうか。あるとすれば、どの点にありますか。（本人の主観と計画作成者が捉えた客観性の違い）
3	□	記入された内容と、障害高齢者及び認知症高齢者の日常生活自立度について、差異はありませんか。あるとすれば、どの点にありますか。
4	□	日用品の買い物をしている場合、どこにどれくらいの頻度でいかれていますか。一度に運べる荷物の量、１週間を通し活動できる量などを勘案できていますか。逆に日用品の買い物ができないと返答された場合、なぜできないかの理由を掘り下げて確認していますか。重い荷物を持てないのか、店に行く手段がないのか、歩行能力の問題なのかということを押さえていますか。
5	□	家族や友人以外に、会話したり家を訪ねたりする機会はありますか。たとえば、１週間の間に、家族や友人以外と会ったり話したりする機会や頻度は、どのくらいでしょう。本人を取り巻く人的環境を把握できていますか。 （交友関係や社会参加の状況を確認、出かける動機づけにも活用可能）
6	□	日常生活の中で、階段や段差を越えなければならない状況はありますか（面接時に周辺道路や玄関周囲等、面談に至る経過の中でも確認しているか。洗濯など本人の役割や、外出経路などの環境を必要に応じて確認しているか）
7	□	**★15 分の間に歩ける距離はどのくらいでしょうか。生活行為の中での実用性について、どう判断されていますか。**
8	□	**▼15 分歩くのはどのような目的ですか。歩く機会の継続性や、機会が失われた場合に生活へ与える影響について、予測していますか。**
9	□	◆転倒している場合には、時期や頻度、頻度が増えているのか減っているのか、場所や時間帯などについて教えてください。（転倒リスクや要因についての理解度）
10	□	◆体重減少がある場合や BMI が低い場合、または極端に高い場合、機能低下が始まる前の体重を把握していますか。また、医師の見解や注意事項等の有無について把握していますか。（体質なのか、食事量の減少なのか、精神的なものなのか、疾病から引き起こされているものなのかなど、幅広く確認ができているか）
11	□	◆固いものが食べにくい場合、どのようなものが食べにくいですか。お肉などが食べにくいのか、せんべいのようなものが食べにくいのか。肉が食べにくいのであれば、蛋白源になるようなものは、何からどのように摂取しているか把握していますか。（口腔機能に課題がないかを含めて確認しているかを問う。義歯の調整等）
12	□	◆お茶や汁物等でむせる場合には、１日に必要な水分量はどのようにして摂取しているか把握していますか。また、肺炎を疑うような発熱や便秘、脱水などの体調不良を繰り返していないかなどの状況を把握していますか。（むせがある場合、過去に脳梗塞などを起こしていないか、他に症状がないかなども確認できているか）
13	□	◆週に１回以上の外出の目的を把握し、本人や家族に負担感があるのかないのか把握していますか。その上で、必要性や継続性についてどのように予測していますか。 （家族力のアセスメントや社会参加の有益性について説明できているかを問う）

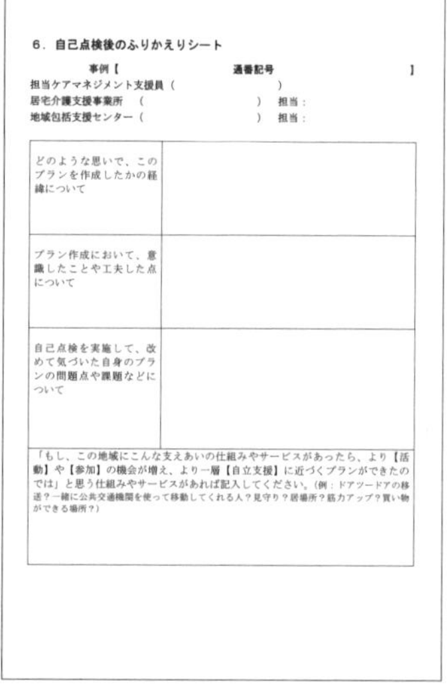

6．自己点検後のふりかえりシート

事例【　　　　　　通番記号　　　　　　】
担当ケアマネジメント支援員（　　　　　　）
居宅介護支援事業所　（　　　　　　）　担当：
地域包括支援センター（　　　　　　）　担当：

どのような思いで、このプランを作成したかの経緯について	
プラン作成において、意識したことや工夫した点について	
自己点検を実施して、改めて気づいた自身のプランの問題点や課題などについて	

「もし、この地域にこんな支えあいの仕組みやサービスがあったら、より【活動】や【参加】の機会が増え、より一層【自立支援】に近づくプランができたのでは」と思う仕組みやサービスがあれば記入してください。（例：ドアツードアの移送？一緒に公共交通機関を使って移動してくれる人？見守り？居場所？筋力アップ？買い物ができる場所？）

出典：田中明美・北原理宣 著、服部真治 監修『地域でつくる！介護予防ケアマネジメントと通所型サービスC　生駒市の実践から学ぶ総合事業の組み立て方』（社会保険研究所、2017年）

Q86 身近な地域での通いの場や居場所の必要性の普及はどうしたらいいですか？

A 住民や関係機関・関係者に対し、なぜ身近な地域に通いの場や居場所づくりが必要なのかを、その背景から理解してもらうことが大切です。そのための手法は以下のとおりです。

①住民・関係者・市外に暮らす家族等への発信
- 市町村のホームページや広報誌、リーフレット、チラシ、SNS（TwitterやYouTube）、DVDなどの作成・配布・活用
- 市民フォーラム、出前講座、ボランティアなど担い手養成研修等の開催

②関係団体や関係者向けに発信
- 先行市町村への視察をはじめ、意見交換などを企画し、関係団体や関係者などの協力者と意識の共有を図る（巻き込む・共に考える）

③通いの場や居場所づくりのためにできることを整理
- ボランティアポイント制度や補助制度の構築・活用
- 場所の確保への協力（空き家や商店街、大型スーパー等の活用など）
- 立ち上げ支援マニュアルなどの作成・活用
- 先行自治体視察への企画・補助
- 活動している地域のインタビューをとりまとめた冊子などの作成
- 活動の場をとりまとめた冊子の作成・周知

④継続支援のための工夫
- サロン運営ノウハウ本の配布（レクリエーションのネタ集や歌集・脳トレ教材配布等）
- 地域リハビリテーション活動支援事業等を利用した専門職の講師派遣等
- 活動者同士の交流会企画や活動紹介の冊子等の作成など

Q87 介護予防の取り組みを地域に広く展開するコツはありますか？

A 住民や外部の関係機関や関係者だけでなく、自治体職員においても高齢化をネガティブに捉えず、ポジティブに施策展開できる素地を作ることが大切です。介護予防の取り組みを全庁あげて進めることができると、他分野との連携で高齢者の活躍の場が一気に増加します。庁内連携を促進することにより、介護予防の取り組みが広がる例を紹介しましょう。

1．介護予防・日常生活支援総合事業費の有効活用

市町村には高齢者のいきがいづくりなどを実施している部署があります。いきがいづくりも介護予防の１つのため、一般介護予防事業という事業費で予算を計上できる場合があります。庁内連携が進むことによって、一般財源で担っていたものを効率的・効果的に予算を執行することができます。

2．空き家対策などとの連携

家は使用しないと傷みます。空き家対策と高齢者施策を抱き合わせて、空き家の有効活用を進めることで、場所がないという課題が解決につながることがあります。

3．食を通した活躍の場

市町村には、食生活改善推進員など食を通した活動をする団体があります。食は子どもから高齢者まであらゆる世代に関係するため、庁内で

連携することで、そのような団体の活躍の場をつくると、さらに魅力ある取り組みが進み、高齢者の参加増加につながる場合があります。

4．孤独・孤立対策の場

退職後、地域活動を特に何もしていない高齢者の地域デビューの場をつくります。教諭をしていた高齢者であれば、生活困窮の子どもの学習支援に携わることで介護予防にもつながりますし、集会所単位の小さなコミュニティ復活のために高齢者が中心となって対応することで、そこが身近な相談機関になり得ることもあります。

Column　地域展開の事例から考える

ある市では、生涯学習担当部局と高齢部局が連携し、高齢者に知っておいてほしいこととして、「地域包括ケア」をはじめ、「認知症サポーター養成講座」「介護予防の取り組み」「ACPに関すること」「終活」などの内容を、高齢者大学（地方自治体や市区町村の福祉法人などが運営する高齢者向けの教室）のカリキュラムに盛り込むことにしました。同時に活動の場を紹介し、見学や体験ができる機会も設けたそうです。

すると、介護予防に関心を持つ高齢者がボランティアとして参加するようになり、なかには新たな「通いの場」を立ち上げたケースや、訪問介護（ホームヘルパー）の担い手不足についての講話や認知症サポーター養成講座を受講し、家事援助や認知症の方へのサポートを始めたケースもあるそうです。こうした新たな人材は、活動への参加そのものが個人の介護予防やいきがいづくりにもつながります。庁内で連携をすることで、担当課以外の部署でも高齢者施策の一部を担うことができることも念頭に置き、どの課との連携が重要かを考えながら施策を考えることも大切ですね。

Column　わがまちに必要な「介護予防・日常生活支援総合事業」を考える

2014年の介護保険法の改正で、地域支援事業は大きく変わりました。

介護予防ケアマネジメントと特に関係性の深い「介護予防・日常生活支援総合事業」は、市町村の実情に応じて多様な主体が多様な事業やサービスを構築できるようになりました。

それまでは、要支援１や要支援２の人には、全国一律の基準で訪問介護や通所介護が提供されてきましたが、この改正以降は、市町村が独自にサービスや事業が構築できるようになりました。そのため、専門職確保に悩んでいた岡山県西粟倉村（にしあわくらそん）では、住民との対話を重ね、送迎・食事付きのミニデイサービスを住民の手で展開することを考えました。たとえばミニデイサービスに洗濯機があれば、利用者は１週間分の洗濯物をそこで洗濯することができます。市町村の事業（総合事業）であれば、一般のデイサービスではできないことの実施が可能です。

Column　再び始めたいこと・新たに挑戦したいを応援する事業（短期集中予防サービス）

痛みや意欲の低下、廃用性の進行等により、歩行距離が短くなり、活動や参加の場に通えなくなった高齢者（要支援１や要支援２、事業対象者等）が元の暮らしを取り戻す事業として、通所型サービスCや訪問型サービスCがあります。このサービスでは、短期間（３～６か月）集中的に専門職（理学療法士、作業療法士、看護師、保健師、管理栄養士、歯科衛生士）等による支援を受けることができるものです。実施している市町村はまだ多くはありませんが、取り組み効果を上げている先行市町村があります。

奈良県生駒市においては、短期集中サービスを要支援者等の心身の状態像によって複数のプログラムから選択できるサービスを構築しており、その改善率は毎年75％を超えています。週２回、送迎付きで通所型Ｃと訪問型Ｃを一体的に実施するものや、週１回、送迎付きで口腔・栄養・運動への支援を複合的に実施するものもあります。また、これらの事業を活用し、もう１歩、活動を広げたい人のためのサービスとして、送迎を行わず、公共交通機関を利用して参加する通所型サービスＣも用意されています。

このように、心身の状態像に応じて専門職が短期間、関与する短期集中予防サービスを提供することで、利用者は体力、筋力、持久力、柔軟性の向上が図られ、あきらめていた日常を取り戻すことができます。介護予防・日常生活支援総合事業では、こうした虚弱高齢者が再び元気を取り戻すための仕組みづくりもできるのです。

また、地域リハビリテーション活動支援事業などを通して、通所サービスや訪問介護の事業所にリハビリ専門職が訪問し、自立支援や重度化防止に向けた技術指導や講話などを行うことも可能です。地域を元気にしていくためにも、介護予防ケアマネジメントを通して課題を整理し、事業や政策に組み込んでいきましょう。

第6章

多機関連携

Q88 市町村との連携・役割分担はどのようにしますか？

A 包括センターは、その形態が直営もしくは委託の違いはありますが、いずれにしても市町村との密な連携や役割分担が求められます。地域包括ケアシステムの構築が市町村としての責務であり、その構築に向けて中心的役割が期待されているのが包括センターとなるため、常にワンチームで業務を進めていく必要があるからです。しかしながら、どの領域での多職種多機関の連携・協働とも同じく、現実にはそれぞれの立場ゆえの苦労もよく見聞きします。

1．市町村

ここでいう市町村は、地域包括ケアシステムの構築主体です。その意味では、本章では市町村を保険者と読み替えてイメージしてください。市町村は、地域包括ケアシステムの構築のために、地域の多様な人や機関の主体的な参画および協働を促しながら、地域包括ケアシステムの推進に向けた取り組みに創意工夫を凝らします。

2．地域包括支援センター

市町村（保険者）は、包括センターを設置できることとされています。また、市町村は、適切、公正、効果的に実施できると考えられる法人に包括的支援事業を委託することもできます。包括センターは、地域包括ケアシステム構築のための中核機関と位置づけられています。

3．市町村との連携のポイント

①よくある連携の難しさ

複数か所設置されている委託包括センターでは取り組みにばらつきがあり、意思疎通の難しさが課題に挙げられます。

②乗り越えるためのコツ

「規範的統合」という言葉をご存じですか。地域の課題は何か、また、どのような地域社会をつくるのか、関係者間で目標や考え方を共有することを指します。遠回りでもまずは、委託包括センターなどの関係者との目的・目標の共有から始めてみましょう。その共有の方法には地域特性に即した創意工夫が求められますが、地域ケア推進会議など、既存の包括センターと市町村との定期的な協議の場を活用していきましょう。地域包括ケアの考え方を共に学ぶ研修や勉強会のスタイルも有効です。

また、包括センターを委託したからといって「丸投げ」で任せきりにしていては、協働はできません。運営協議会等（図表６-１）を活用することで、包括センターの活動が円滑に進むよう、行政側にも常に連携の姿勢が求められます。

図表６-１　包括センター（地域包括ケアシステム）のイメージ

出典：厚生労働省「地域包括支援センター（地域包括ケアシステム）のイメージ」

＜連携の参考事例＞

●事例１：個別支援における連携

【事例】１人暮らし高齢者のＡさんは救急搬送された先の病院で末期がんの診断を受けた。脳への転移もみられ、判断能力が低下しているが、身寄りがない。Ａさんは、「自分の家で最期まで暮らしたい」と希望している。

【対応】相談を受けた包括センターは、市へ事例報告をし、地域ケア個別会議を開催した。役割分担のもと、市主管課が中心となり、市長申立てにて成年後見人の選定を進めた。包括センターがＡさんの退院支援にあたった。以前から、Ａさんと友人らの間で、身寄りのないＡさんを最期まで自宅で助け合っていくという意思を交わしており、地域ぐるみでの在宅看取り体制の構築に至った。Ａさんの意思を尊重して、介護保険も利用しながら、なじみの人たちに見守られ、自宅で看取った。死後事務は市と後見人が担当した。

●事例２：地域展開における連携

【事例】Ｘ市では、包括センターの立ち上げから継続的に担当していた主管課の職員の異動により、Ｘ市と委託先の包括センター間の意思疎通がうまく取れない事案が重なっていた。「○○さんがいたときはうまくいっていたのに」と包括センター職員は不満を募らせ、行政には相談しない独自の取り組みが増えていた。

【対応】市の運営協議会でも市と包括センターの連携のあり方が話題にあがり、市として取り組むべき課題と認識されるに至った。委託包括にアンケート調査を行い、市と包括センターでプロジェクトチームが立ち上げられた。市と包括センターの連携について、先行自治体の取り組みを調べ、一緒に視察に行くなどして、Ｘ市としての取り組みの連携のあり方を検討する一歩を踏み出したところである。

Q89 認知症関連支援機関とはどのように連携しますか？

A　包括センターには認知症に関する相談が毎日のように寄せられます。日本における65歳以上の認知症の人の数は2025年には約700万人（高齢者の約５人に１人）になると予測されており、認知症関連支援機関との連携は今後ますます重要になります。

認知症の当事者や家族への相談対応において、留意しておきたい点を２点挙げます。

１つ目は、認知症はゆるやかにも進行する点です。その時々で、状態像や生活のありよう、本人や家族の思い、ニーズの変化があることを理解しておきましょう。

２つ目は、その時々のニーズに応じて、連携する機関や活用する社会資源も変化する点です。それぞれの段階で連携が想定される認知症関連支援機関があります。自治体ごとに「認知症ケアパス」が作成され配布されていることが多いので、確認してみてください。

また、認知症の支援を考える際には、医療と生活支援が両輪としてバランスよく機能することも必要です。そのため、包括センターは、医療機関のみならず福祉や介護機関との連携も必要となり、両者の懸け橋となることを期待されています。

１．認知症関連支援機関

認知症関連支援機関は医療や介護の分野にまたがり、多岐にわたります。ここでは、とりわけ認知症に特化した機関として、代表的なものを２つ例示します。

①認知症疾患医療センター

認知症に関する詳しい診断や症状への対応、相談などを行う認知症専門の医療機関です。認知症を診断するための検査機器があるなどの条件を満たした病院に、都道府県や政令指定都市が指定しています。医療機関の規模等により、基幹型、地域型、連携型の３種類に分かれ、主な役割としては、専門医療相談、鑑別診断、治療方針の決定、認知症の周辺症状や合併症への対応、関係機関との連携があります。地域のかかりつけ医等と連携をして、認知症の治療やケアを行います。

②認知症初期集中支援チーム

専門医と協力しながら、医療と福祉の両専門職が複数で訪問し、認知症が疑われる人や認知症の人およびその家族のアセスメントなどの初期の支援を包括的、集中的（おおむね6か月）に行い、自立生活のサポートを行うチームのことをいいます。対象者は、40歳以上で、在宅で生活し、かつ認知症が疑われる人または認知症の人のうち、医療や介護のサービスにつながっていない（または途切れている）人や、認知症の行動・心理症状が顕著なため、対応に苦慮している人です。配置場所は市町村によって異なります。市が直営で行っているところもあれば、包括センターや医療機関に委託しているところもあります。

2．認知症関連支援施設との連携のポイント

①よくある連携の難しさ

認知症の多くは治せるものではなく、認知症の人の家族や周囲の偏見や抵抗が根強い点も課題とされています。

②乗り越えるためのコツ

認知症の人（本人）や家族が、不安や悩みを口にできる場をつくることが大事です。抗認知症薬が処方されているとしても、医療によるサポートだけでは限界があるのはたしかです。また、認知症への正しい理解が

足りず、早期発見・早期絶望となる事例もあります。加えて、専門職からの言葉は、受け入れる準備がない段階の本人、家族にとっては受け入れがたい場合もあります。

介護者もケアが必要な当事者とみることができます。同じような経験をもち、ピアサポートが可能となる「認知症の人と家族の会」や、各地域で開催されている「認知症カフェ」や「家族介護サロン」などに一緒に行ってみるなどのアプローチも考えられます。

また、認知症になっても住み慣れた地域での暮らしを続けるためには、地域の理解も必要不可欠です。身近な地域での「認知症サポーター講座」の開催を重ね、サポーターを増やしていきましょう。

＜連携の参考事例＞

●地域展開における連携

【事例】X市では、「認知症になっても安心して暮らせるまちづくり」に取り組むべく、市民向けの認知症サポーター養成講座を行い、地域での認知症の正しい理解に向けた啓発活動を進めてきた。しかし、参加者をみると、認知症介護に関わるある年齢以上の一部の人たちにしかこの活動が広がっていないことに懸念をもっていた。

【対応】包括センターが社会福祉協議会（以下「社協」）に相談したところ、社協職員より、従来、福祉教育の一貫として社協が連携をとってきた地元の小学校で一緒に認知症キッズサポーター講座を開催してみてはどうかと提案をもらった。社協と小学校との打ち合わせ後に開催したキッズサポーター講座は、参加した子どもたちのみならず、保護者にも反響を得た。このことをきっかけに、社協と子ども会の保護者会にも協力をもらい、モデル地区で認知症徘徊見守り捜索訓練の実施につながった。

90

医療機関とはどのように連携しますか？

A　「かかりつけの病院はどちらですか？」「飲んでいる薬はいろいろあってね」等、高齢者の相談に関わる際には、医療情報の取得や、医療機関との連携が欠かせません。高齢者は、なんらかの持病をもち、病院にかかっている割合が多いためです。

そもそも包括センターは、高齢者の保健医療の向上および福祉の増進を包括的に支援することを目的とし、地域包括ケア実現に向けた中核的な機関として設置されています。疾病を抱えても、住み慣れた生活の場で療養し、自分らしい生活を続けられるためには、地域における医療機関との連携が必要不可欠となるのです。

1．医療機関

医療法で定められた医療を提供する施設のことを指します。主に、20床以上の病床をもつ病院、それ以下または入院病床をもたない診療所、妊産婦を対象とした助産所等を指します。さらに、薬剤師が処方箋に基づき調剤を実施する保険薬局等も加わります。開設者の分類によって、国や市町村などの公的医療機関や私的民間機関などに分かれます。病院の種別も指定の有無から高度医療の提供が可能な特定機能病院、地域の中核的役割を担う地域医療支援病院等特色がみられます。

また、病棟には、一般病棟のほか、回復期リハビリテーション病棟、地域包括ケア病棟、療養病棟等といった種別があり、それぞれに対象疾患や入院期間の基準などの違いがあります。その違いによって病院側の事情がさまざま生じるため、連携の際は確認するようにしましょう。

2．医療機関との連携のポイント

①よくある連携の難しさ

医師が常に忙しそうで、連携を取ろうにも躊躇してしまうことが考えられます。

②乗り越えるためのコツ

医療機関は、多職種で構成されます。医師とダイレクトに連携を図ることが難しければ、まずは、MSW（医療ソーシャルワーカー）や受付医療事務に相談してみてはどうでしょう。医療機関ごと、もしくは個別の医師ごとの連携に関するスタイルを事前に把握しておくと、スムーズに進む場合も多いです。

病院によっては、地域連携室といった外部向けの窓口が明記されています。また、自治体によっては、ケアマネタイム（医師の面談時間や方法等を事前に周知し、ケアマネジャーをはじめ介護・医療関係者が医師と相談しやすい環境をつくるために作成したリスト）など医師への相談がしやすい仕組みを設けるなどの工夫もされています。これらを活用しながら、本人や家族の同意を得たうえで診察に同行し、病気についての説明を一緒に聞くのも有効です。また、本人が単独で診察に行く際も、包括センターの職員が事前面接の中で本人と相談しながら準備をすることも可能です。たとえば、本人が緊張からなかなか言いたいことを伝える自信がない場合は、事前に伝えたい内容をメモにまとめて、診察室で本人から医師にそれを渡しながら説明するなどの工夫も考えられます。

Q 91 民生委員・児童委員とはどのように連携しますか？

A 包括センターが対象とする高齢者の人数をイメージしてみましょう。国は、包括センターの包括的支援事業に係る人員基準を、65歳以上の高齢者である第1号被保険者3,000～6,000人ごとに、保健師等、社会福祉士および主任介護支援専門員を最低限それぞれ1名ずつの配置とするとのみ規定しています。小規模市町村の場合は例外措置があり、大規模となれば、介護予防支援の人員基準等からさらに複数の配置の実態があります。つまり、単純に計算すると、センターの職員は、1人当たり数百人から数千人の高齢者を対象とすることになります。センター職員だけで一人ひとりの高齢者に気を配ることは不可能だといえます。

それゆえ、包括センターでは、地域でのネットワークづくりが欠かせません。高齢者の身近な人や機関と包括センターがつながることで初めてセーフティネットがめぐらされ、地域で生じた個別ニーズに気づき、発見し、支援体制を構築していくことが叶います。その際、どこ（だれ）とつながるのかは地域ごとに特性が分かれますが、共通して、地域のニーズ把握において頼れる存在となるのが、民生委員・児童委員（以下「民生委員」）です。地域福祉のキーマンといえる民生委員との連携の可否が包括センターの地域を基盤とした相談活動の質を左右するといっても過言ではありません。

１．民生委員（全国民生委員・児童委員連合会HPより引用）

民生委員は、民生委員法に基づき、厚生労働大臣から委嘱された非常勤の地方公務員です。給与の支給はなく（無報酬）、ボランティアとして活動しています（任期は３年、再任可）。また、民生委員は児童福祉法に定める児童委員を兼ねることとされています。

民生委員制度は全国統一の制度であり、すべての市町村において、一定の基準に従いその定数（人数）が定められています。民生委員は、自らも地域住民の一員として、それぞれが担当する区域において、住民の生活上のさまざまな相談に応じ、行政をはじめ適切な支援やサービスへの「つなぎ役」としての役割を果たすとともに、高齢者や障がい者世帯の見守りや安否確認などにも重要な役割を果たしています。

２．民生委員・児童委員との連携のポイント

①よくある連携の難しさ

民生委員活動はあくまでボランティアで、どの範囲まで連携できるかは個人差もあり、どのように対応すればよいかという課題をよく耳にします。

②乗り越えるためのコツ

民生委員一人ひとりの個性を大事にしながら、個別事例を通して、経験を共に重ねていくことが大事です。

民生委員の活動範囲の捉え方には、担当地区の地域特性や民生委員自身の地域での居住年数、あるいはもともとの住民との関係性など複合的な要素が影響します。また、３年に一度の改選があり、経験の差も影響します。新任の場合は、まず、民生委員としてどのように活動をしたらいいのか、不安や悩みを抱えている場合もあります。

民生委員は、包括センターをはじめとする専門職が一方的に活用できる資源やサービスではありません。一律に「あなたは民生委員なのだか

ら、見守りをするべきだ」と押し付けるのではなく、あくまで地域の身近な相談相手、ボランティアとしての役割を、一つひとつの事例ごとに一緒に考えていくことが大切です。

民生委員は、地域住民の立場ではありますが、守秘義務もあります。地域ケア個別会議への参加を依頼し、高齢者支援を専門職と一緒に検討していくプロセスの共有をすることで、共に経験値を積みながら、地域包括ケアを考えていく仲間です。また、地域の中でのニーズの発見、「つなぎ役」を求められている民生委員ですが、支援につながった後の連携も重要です。情報共有をこまめに行いながら、お互いに期待する役割を常に伝えあって協働していきましょう。

Q 92 障害者関連支援機関とはどのように連携しますか？

A 包括センターが障害者関連支援機関との連携が求められる場面として、大きく２つのパターンが想定されます。

１つ目は、高齢者自身に障害がある場合です。障害と一言でいっても、多様な状態像があります。障害者基本法における「障害者」とは、「身体障害、知的障害又は精神障害があるため、継続的に日常生活又は社会生活に相当な制限を受ける者」と定義されています。どの障害に分類されていても、65 歳となれば、平等に「高齢者」となります。社会制度上、介護保険が優先されるサービスも複数あり、いわゆる「高齢障害者」の支援においては、制度をまたいでの調整が必要となります。

２つ目は、高齢者を支援する際、その高齢者の家族に障害をもつ人がいる場合です。高齢者と障害をもつ人がいる家族が別居し、それぞれが独立した生活をしている場合もありますが、同居している世帯ではお互いがお互いを支え合っていることも少なくありません。その場合、包括センターとしては、高齢者だけを切り離して支援することは不可能であり、障害をもつ家族の支援も視野に入れた世帯単位での支援の展開が求められてきます。結果、障害者関連支援機関との緊密な連携が重要となります。

1．障害についての相談機関

障害者関連支援機関は、介護保険サービス提供機関のようにその生活ニーズに応じて幅広く存在します。ここでは包括センターの連携先として、「相談機能」に特化した機関のみに絞ります。障害のある人が自立した日常生活または社会生活を営むことができるよう、身近な市町村を中心として、以下のような相談支援事業を実施しています。

①一般的な相談をしたい場合（障害者相談支援事業）

市町村（または市町村から委託された指定特定相談支援事業者、指定一般相談支援事業者）が窓口です。障害のある人の福祉に関するさまざまな問題について、障害のある人等からの相談に応じ、必要な情報の提供、障害福祉サービスの利用支援等を行うほか、権利擁護のために必要な援助も行います。また、こうした相談支援事業を効果的に実施するために、自立支援協議会を設置し、中立・公平な相談支援事業の実施や地域の関係機関の連携強化、社会資源の開発・改善を推進します。

②障害福祉サービス等の利用計画の作成（計画相談支援・障害児相談支援）

市町村（指定特定相談支援事業者、指定障害児相談支援事業者）が窓口となります。サービス等利用計画についての相談および作成などの支援が必要と認められる場合に、障害者（児）の自立した生活を支え、障害者（児）の抱える課題の解決や適切なサービス利用に向けて、ケアマネジメントによりきめ細かく支援するものです。

③地域生活への移行に向けた支援（地域移行支援・地域定着支援）

指定一般相談支援事業者が相談窓口となります。地域移行支援は、入所施設や精神科病院等からの退所・退院にあたって支援を要する者に対し、入所施設や精神科病院等における地域移行の取り組みと連携しつつ、地域移行に向けた支援を行うものです。地域定着支援は、入所施設や精神科病院から退所・退院した者、家族との同居から１人暮らしに移行した者、地域生活が不安定な者等に対し、地域生活を継続していくための支援を行います。

2．障害者関連支援機関との連携のポイント

①よくある連携の難しさ

「来月に65歳となり、これまでの障害のサービスに加え、介護保険や制度が複雑でどう連携をしたらいいのか」との相談が寄せられることがあります。

②乗り越えるためのコツ

①の相談は、64歳まで自立支援法の適用により障害者サービスを利用しながら在宅生活を送ってきた人が、65歳の誕生日を迎えた途端、「介護保険法が優先」と制度の切り替えを求められ、とまどった高齢障害者のケースです。これまでと生活も生活ニーズも変化していないのに、単に年齢が達しただけで法制度が移行するという現象です。

このような相談に対し、包括センター職員も身構えてしまうのは当たり前の反応です。職員にとっても、自分があまりよく知らない、なじみのない制度や機関との連携を余儀なくされるためです。

包括センター職員が不安やとまどいを抱えているのと同様に、連携側の障害者関連支援機関の職員も同じ思いでいます。初めて連携する者同士は、お互いの役割や守備範囲を確認しあうところから始めればよいのです。「私は介護保険のことはよくわかるのですが、障害のことは詳しくないので教えてください」と、自分ができることと、相手に求めていることを言葉にして共有してみましょう。

そして、何より、当事者本人がとまどいの中にいます。本人のための支援という目的を中心に置きながら、特性の違う機関同士、連携の一歩を踏み出しましょう。また、介護保険優先といっても、計画相談と連携することで、障害のサービスと介護保険が併用できるパターンもありますので、役割分担しながら情報を共有していきましょう。

＜連携の参考事例＞

●個別支援における連携

【事例】シングルマザーのXさんは、知的障害のあるYさんと長年２人で暮らしてきた。親なき後のことを心配しながらも、「この子より１日でも遅く、私は死にたい」とこれまで具体的な備えはできずにきていた。そんなXさんに物忘れの症状が出現。これまでXさんの指示に従って生活をしてきたYさんは、服装や生活リズムに乱れなどが生じてきた。Yさんの通う就労Ｂ型の施設職員が、Yさんの変化に気づき、包括センターに相談を入れた。

【対応】包括センターは、Yさんの通所先の職員およびYさんの計画相談を担当している相談支援専門員と連携を図るところから、Xさんの支援をはじめた。Xさんは物忘れを自覚しており、Yさんの将来への不安からうつ状態に陥っていた。Xさんの専門外来への支援をするとともに、Xさんとケアマネジャーとの橋渡しを行った。また、Yさんの障害関連支援機関と連携をし、Yさんの成年後見申立てを進めた。その後、Xさんの支援チームとYさんの支援チームが互いに連携しながら、２人の希望である在宅での親子での暮らしを支えるため協働することとなった。

93 子ども関連支援機関とはどのように連携しますか？

A　ダブルケア（１つの世帯で介護と育児とを同時に担うこと）やヤングケアラー（本来大人が担う世帯内の介護や家事の世話を日常的に行う子ども）という言葉が一般にも聞かれるようになりました。核家族の増加や親戚などのネットワークの希薄化など家族構造の変化により、高齢者支援の領域においても、子ども関連支援機関との接点や連携が日常的なものとなっています。事例を通していざ連携してみると、同じ福祉分野とはいえ、使用する言語やルールの違いに戸惑うことも少なくありません。以下に、代表的な子ども関連支援機関を例示します。

１．児童相談所

児童福祉法に規定されている行政相談機関であり、原則18歳未満の子どもに関する家庭その他からの相談のうち、専門的な知識および技術を要する相談に応じます。児童虐待対応機関としての役割を担い、児童福祉司や児童心理司などの専門職が配置されています。都道府県、政令指定都市、中核市、特別区などに設置されており、役割や機能は基本的に全国同じですが、一時保護所の設置の有無などの違いはみられます。

２．市町村の子ども家庭相談関連窓口

2004年の児童福祉法の改正により、児童相談所の業務は、主に専門的・技術的な支援を必要とする困難事例への対応、市町村への助言と援助等にシフトしています。

虐待の未然防止・早期発見のためにも、住民に身近な市町村が子ども

家庭相談を担うことが欠かせません。育児不安等を背景とした子育て相談も増加しており、幅広い子どもに関する相談は市町村の役割とされています。

●市町村の子ども家庭相談関連窓口の例

市区町村児童福祉担当課、子育て世代包括支援センター、児童家庭支援センター、保健所、保健センター、児童家庭相談所（福祉事務所）、保育所、児童福祉施設・学校等、要保護児童対策地域協議会、福祉事務所

3．子ども関連支援機関との連携のポイント

①よくある連携の難しさ

高齢者の虐待対応をした際、虐待者の娘が自身の子の子育て問題を抱えていることがわかり、気になっているというケースがあります。

②乗り越えるためのコツ

「虐待の連鎖」という言葉があります。１つの虐待は、世代をまたぎ、次の虐待を生むリスクにつながるという現象を指しますが、もちろんすべての人がそうなるとは限りません。１ついえることは、虐待が家族システムのなんらかの問題を表す１つの現象と捉えることができるということです。

高齢者虐待対応であるこの事例において、たとえ世帯構成員の分離というかたちで高齢者本人の安全が確保できたとしても、包括センターとしての養護者支援機能は残ります。養護者（虐待者）が抱えている支援課題にも目を向け、しかるべき支援につなげていく必要があります。

高齢者虐待対応では、高齢者の支援と養護者の支援はチームを明確に分けて連携を行うことが重要です。この事例の場合、養護者である娘の

支援チームは子育て相談機能をもつ支援機関との連携が必要でしょう。

どのような子ども支援機関と連携をすればよいかわからない場合は、市町村の子ども家庭相談関連窓口へ相談しましょう。窓口によって相談できる範囲や機能に違いはありますが、養護者が抱える課題を包括センターが代弁し、支援につなげるまでが包括センターとしての役割と捉えます。

<連携の参考事例>

●地域展開における連携

【事例】民生委員連合会会長より、包括センターに次のような相談が入った。「民生委員は児童委員を兼ねてはいるが、地域で多数派を占める高齢者の支援に重きを置いており、子ども世代への支援があまりできていないと実感がある。世代を超えた居場所づくりやサポートの仕組みをつくれないだろうか」。

【対応】主任児童委員を通じて、地区内の小学校および子育て包括支援センターと協議の場をもった。居場所づくりまでは難しくとも、まずは、地域のなかで世代間交流のイベントの開催を共同企画することが提案された。後日、ハロウィンイベントとして、高齢者の１人暮らし宅を子どもたちがお菓子をもらいに訪問して交流する会が開催された。企画は好評で、来年度も継続したいという声があがっている。

生活困窮者関連支援機関とはどのように連携しますか？

A　「8050 問題」という言葉があります。「80」歳代くらいの高齢者のいる世帯に、引きこもりや生活困窮などなんらかの課題を抱えた「50」歳代の子どもが同居しており、経済的にも高齢者に依存しながら暮らしており、必要な支援にはつながらず、社会的に孤立していることが少なからずあるという社会問題です。

包括センターは、この言葉が社会に出はじめるより前の、包括センターが開設された 2006 年当時より、このような世帯の発見や支援へのつなぎに関して、課題認識をもち取り組んできました。それは、包括センターにアウトリーチ機能が付随しており、各々の家の敷地をまたいで、地域の高齢者世帯への実態把握を積み重ねてきた証ともいえます。

8050 世帯のみならず、包括センターが担う生活に困窮している人・世帯の支援については、2015 年度から制度が開始された生活困窮者自立支援制度を活用することとなります。

1．自立相談支援機関

生活困窮者自立支援法に基づき、市や県に専門の相談窓口を設け、生活に関わるさまざまな困りごとの相談に応じるのが、自立相談支援機関です。その運営は、社会福祉協議会や NPO が委託を受けている場合が多くあります。生活保護に至る前の段階から困窮者を支援するため、家計や仕事など生活に関する困りごとに幅広く対応する相談窓口です。相談員や就労支援員が配置されており、生活困窮者および生活困窮者の家族や、関係者による相談をもとに個別支援としての状態にあったプランを作成し、必要なサービスや就労につなげます。また、自立相談支援機関では、さまざまな事業を組み合わせた展開をしています。ただし、任意の事業も多く、すべての自治体で行われているわけではありません。

●事業例

・住居確保給付金　・就労準備支援事業　・家計改善支援事業
・一時生活支援事業（居住支援含む）　・子どもの学習
・生活支援事業

2．生活困窮者関連支援機関との連携のポイント

①よくある連携の難しさ

高齢の相談者から、引きこもりの子の相談を受けているが、本人から同意が得られない状態で相談につなげられるのかと悩むケースがあります。

②乗り越えるためのコツ

家庭訪問をする機会が多い包括センターの業務では、このような相談を受ける機会がよくあります。相談者にとっては長年自分の中だけで閉じこめてきた他言できない悩みであり、センター職員との信頼関係のもとでようやく口にできたのかもしれません。家庭内の悩みを吐露できたことで、その課題が社会とつながったと捉え、まずは相談者に悩みを言えたことをねぎらい、事実を受け止めます。

包括センターでの協議は、引きこもりの子の支援の対象がどこになるのかを探ることです。生活困窮という入り口であれば自立相談支援機関、引きこもり状態を課題と捉えると引きこもり相談支援センター（自治体によって設置の有無は分かれる）、あるいは障害があれば基幹相談センターにつなぐのが先かなどが検討課題として考えられます。

しかしながら、どの機関につなぐにしても、本人の同意が得られない

段階では、相談が宙に浮いてしまいます。包括センターとしてどこまで関わればよいか、手詰まりになる瞬間です。正解があるわけではありませんが、包括センターとしては、目の前の高齢者の支援を通して支援が必要な子の支援を「つなぐ」ところまでは支援の範囲と捉えてみてはどうでしょうか。長い時間をかけてできた課題がすぐにひも解けるわけではありませんが、相談者と一緒に、可能性のある機関の相談に同行したり、支援機関からの求めがあれば迷わずに訪問するなどして、時々の緊急性をはかりながらも時間をかけた伴走支援を続けていきましょう。

＜連携の参考事例＞

●個別支援における連携

【事例】Ａさんは、飲食店を経営しながら、趣味のパチンコに生活費を注ぎ、自分のペースで１人暮らしを続けてきた。コロナ禍となり、客足が途絶え、賃貸の店舗兼自宅の支払いもできない状況に陥ったＡさん本人と連絡がとれなくなった不動産業者から、包括センターに相談が入った。

【対応】このように、高齢者自身が生活困窮に陥り、生活困窮者関連支援機関との連携が求められるという事例もある。不動産業者とＡさん宅へ行くが不在。アパートの他の住民などの情報から、行きつけのパチンコ店に何度か足を運んだところ、Ａさん本人と会うことができた。Ａさんは痩せこけており、もう死ぬしかないと追い詰められていた。包括センターが提案し、Ａさんと自立相談支援機関へ同行、機関と包括で連携。生活費の貸し付けや家賃補助の制度などを活用し、Ａさんと相談しながら、現在の住居を引き払い、施設入所の支援を行った。

Q95 警察機関とはどのように連携しますか？

A　包括センターでは、事案によっては警察と連携することもあります。緊急性の高い代表的なケースとして、高齢者虐待対応時の立ち入り調査や、精神保健福祉領域でいう措置入院時の対応が思い浮かぶでしょう。日常的には、認知症状がある高齢者の見守りや消費者被害防止にむけた情報共有などが例として挙げられます。

警察組織は所掌事務ごとに各部局に分かれており、包括センターの事案は地域警察に関することが多いため、生活安全部門との連携がメインとなりますが、関わる個別事例ごとに、刑事部門、交通部門と連携先が分かれることもあります。まずは、包括センター圏域を担当する地域の身近な交番や駐在所の設置場所の把握が必須です。

1．都道府県警

包括センターが連携する都道府県警察は、1954年に警察法が全面的に改正され、警察運営の単位が一元化されました。都道府県警の管理は、都道府県に設置される都道府県公安委員会が行います。都道府県警察には、警察本部（東京都は警視庁）のほか、警察署が置かれています。また、警察署の下部機構として交番や駐在所があります。

2．警察機関との連携のポイント

①よくある連携の難しさ

１人暮らしの認知症高齢者の被害妄想が強くなり、近所トラブルに発展した場合においても警察は民事不介入なのか、対応に悩むことがあると思います。

②乗り越えるためのコツ

一般的な警察のイメージとして、「民事不介入の原則」が浮かびます。民事事件は司法権によって解決すべきであり、行政権に属する警察は当事者間の法的な権利関係を裁定したり、あるいは権利の実現に助力したりすることはできないという意味を表します。多機関連携の基本として、それぞれの機関の役割や機能には限界があるように、警察にも介入できる範囲があることを理解しておきましょう。

近所トラブルの難しい点は、２者以上の地域住民が存在し、その双方の権利や価値が絡み合い、どちらも「相手が加害者で、自分が被害者である」という主張であることが多い点です。包括センターは、双方が地域住民である以上、双方の権利擁護を考える必要があります。

このような事例の場合、１つの機関での取り組みは困難であり、警察や保健センター、行政や医療機関などの連携が特に求められます。個々の連携では役割の押し付け合いになってしまうことがあるため、地域ケア個別会議等の活用により、多機関が集合する場で事例検討を行い、一緒に課題解決に向けた取り組みを進めることがはじめの一歩となります。

近所トラブルが生じている背景に高齢者の医療や福祉の課題があるのであれば、警察と連携を図りながら（交番の人、警察官の言うことなら聞けるという場合もある）、支援拒否などのある本人への働きかけを行い、保健センターや包括センターが中心となって課題解決に動く場合もあります。

＜連携の参考事例＞

●事例１：個別支援における連携

【事例】80 歳代のＡさんはこのところ物損事故を繰り返している。自分の家の車庫や自分の車が傷だらけになっており、近隣住民からは「子どもたちの通学路にもなっているので、Ａさんが人を巻き込む事故を起こしてからでは遅い。なんとか運転を止めさせてほしい」と包括センターに相談が入った。

【対応】Ａさん自身は車の運転に問題を感じていないが、Ａさんの家族は近隣からの苦情も受け、不安を高めていた。包括センターでは、Ａさんの家族、警察、保健センター保健師、民生委員、Ａさんのかかりつけ医と一緒に地域ケア個別会議を開催した。会議では、子どもの通学時間にＡさんの家の周りを交番の警察官がパトロールして近隣住民の不安軽減を図ること、かかりつけ医と家族、包括センターが連携し、Ａさんの認知機能の精査を行うことから支援を始めることが決まった。後日、Ａさんに認知機能の低下が認められ、かかりつけ医の協力で、Ａさんは運転免許を返上、行政の公共バス割引制度を利用するに至った。

●事例２：地域展開における連携

【事例】Ｘ市では、認知症のある高齢者の１人歩きが地域課題としてあがっていた。包括センターが主催し、警察など関係機関が参集し、認知症施策協議会を開催。

【対応】包括センターでは、１人歩きに不安がある認知症高齢者の事前登録制度と、行政や警察、タクシー会社が連携して行う捜索システムが、すでに社会資源としてあることが共有された。会議では、双方の資源の連動について協議された。後日、包括センターの事前登録制度は、本人とその家族の同意を得て、警察と行政とも情報共有し、捜索システムとの連動を図ることとなった。

Q96 消費生活センターとはどのように連携しますか？

A　1人暮らし高齢者の増加など社会経済状況の変化や悪質商法の手口の巧妙化などを踏まえ、消費者被害の早期発見・防止につなげることが喫緊の課題ですが、これらは地域の機関の連携なしでは実現できません。必要なのは、包括センターの日々の相談活動で把握できる消費生活情報等を関係機関で共有・活用するための見守りネットワークの構築です。まずは、連携先となる最寄りの消費生活センター等について包括センター職員が知るところから連携をはじめましょう。

1．消費生活センター等

消費生活センター等は、商品やサービスなど消費生活全般に関する苦情や問い合わせといった消費者からの相談を専門の相談員が受け付け、公正な立場で処理にあたる役割をもちます。2014年改正消費者安全法において「消費生活相談員」の職が法律上規定され、消費生活センターには必ず消費生活相談員を置くこととされました。

基本的には、自身が居住している地域の消費生活センターに相談することとなりますが、最寄りのセンターがどこかわからない場合、あるいは話し中や休日の場合などは、全国共通の消費者ホットライン「188（局番なし）」に相談することができます。相談の際は、円滑な相談処理を実施するために、氏名、住所、電話番号、性別、年齢、職業を聞かれますので、あらかじめご準備ください。相談は無料ですが、通話料金は別途かかります。

寄せられた相談情報は、個人を特定できる情報を除いてデータ化され、統計処理を行ったうえで消費者への注意喚起や法改正の基礎資料に使われるなど、消費者被害の未然防止・拡大防止に大きな役割を果たしています。

2．消費生活支援センターとの連携のポイント

①よくある連携の難しさ

高齢者の悪質商法被害について、消費生活センターに電話をしたところ、被害者本人ではないので相談は難しいと言われたとして悩むケースがあります。

②乗り越えるためのコツ

各種専門相談機関には、当事者からの相談を基本とするところも少なくありません。しかし、包括センターが関わる当事者本人は、相談に関して不安や緊張を抱え、主訴を明確にできず、感情が先に立ち、話のまとまりに欠けていたり、時に判断能力の低下がみられたりもします。

この場合、包括センターの立ち位置を、当事者本人の相談サポートに置いてみてはどうでしょうか。電話をかける前に、本人が何を相談したいかを紙にまとめるなどをし、電話の途中でパニックになって話せなくなったときは包括センターが電話を代わり、言いたいことを代弁することも可能でしょう。

電話では初対面となる消費生活相談員も、当事者本人と一緒に相談して動いている包括センター職員の立ち位置を理解し、関係が構築されることで安心して相談に応じてくれるはずです。後日、本人とセンターに同行し、対面で相談をするところまで発展することもあります。

Q 97 法テラス等司法関連支援機関とはどのように連携しますか？

A 包括センターの権利擁護業務を行う際、弁護士や司法書士といった司法に関する専門職やさまざまな司法関連支援機関との連携が求められます。2022年3月、第二期成年後見制度利用促進基本計画が閣議決定され、市町村においても、権利擁護支援の地域連携ネットワークの構築が喫緊の課題と位置づけられています。地域における司法関連支援機関にはどのようなものがあるのか、まずは、北海道から沖縄まで、すべての都道府県に地方事務所を設置している法テラスについて知っておきましょう。

1．法テラス

法テラスの正式名称は日本司法支援センターです。包括センターの開設とほぼ同時期の2006年4月10日に設立された法務省所管の公的な法人です。刑事・民事を問わず、国民の誰もがどこに住んでいても法的なトラブルの解決に必要な情報やサービスの提供を受けられるようにと、法的トラブル解決のための「総合案内所」と位置づけられています。全国に地方事務所が存在しています。

法テラスの主な業務としては、利用者からの問い合わせ内容に応じて、法制度に関する情報と、相談機関・団体等（弁護士会、司法書士会、地方公共団体の相談窓口等）に関する情報を提供する業務があります。

また、経済的に余裕のない人などが法的トラブルにあったときに、無料で法律相談を行い、必要な場合、弁護士・司法書士の費用等の立替えを行う民事法律扶助業務や、その他、国選弁護等関連業務、犯罪被害者支援業務、司法過疎対策業務など、幅広い権利擁護事業に対応しています。

2．法テラスとの連携のポイント

①よくある連携の難しさ

多重債務を抱えている高齢者に司法相談をすすめても「お金も時間もかかるから」と応じてくれないといった場合、どのように対応したらいいでしょうか。

②乗り越えるためのコツ

包括センターが勇み足で連携を行おうとしても、一般の人にとってはまだまだハードルが高いのが司法関連支援機関です。「お金や時間に余裕がある人にとっての相談窓口」というイメージが拭えません。同行訪問をすすめても、当事者本人にモチベーションがない場合は、なかなか窓口相談につながらないのが現実です。

法テラスに一定の条件の人を対象とした支援者申し込み型出張相談があるのをご存じでしょうか。これは、高齢・障害等で認知機能が十分でない人を対象に、資力にかかわらず、包括センターなどの福祉機関等の支援者からの申し込みで弁護士や司法書士が本人の自宅や入所施設等への出張法律相談を行う援助です。

窓口に行けないから、お金がないから、判断能力が十分ではないからといった理由で司法相談をあきらめることなく、包括センターとして日常的に司法関係者とのネットワークを組みながら、必要な権利擁護支援を展開していこうとする姿勢が求められます。

第7章

地域包括支援センターのマネジメント

Q 98 包括センターのマネジメントとはどのようなことですか？

A 包括センターのマネジメントとは、組織の使命、目的、目標の達成に向けて、成果を上げていくための仕組みや働きかけをすることです。センター長や管理者は、使命、目的、目標の達成に向けて包括センターという組織・チームが成果を上げるように働きかけ、責任を持つ役割を担います。

経営学者ドラッカーが提唱したマネジメントの３つの役割に沿って、包括センターのマネジメントに求められることを以下に提示します。

1 組織が果たすべきミッションを達成する

包括センターのミッション（使命）は、「地域住民の心身の健康の保持及び生活の安定のために必要な援助を行うことにより、その保健医療の向上及び福祉の増進を包括的に支援すること」（介護保険法第165条の46）、地域包括ケアの推進です。

2 組織で働く人を生かす

包括センターで働く人を生かすとは、包括センターで活動する３職種をはじめとしたセンター職員が各自の専門性を発揮しながら、センターのミッションの達成に向けてチームとして協働していく環境を整備し、職員のサポート体制を構築していくことです。

3 社会に貢献する

包括センターとして社会に貢献していくことは、①のミッションである地域住民の保健医療の向上及び福祉の増進を包括的に支援していくこと、地域包括ケアの推進が、そのまま地域社会への貢献となっていきます。包括センターの仕事は社会への貢献に直結しています。

出典：筆者作成

包括センターのマネジメントは､使命の達成に向けて､市町村（保険者）および地域社会の多様な関係者と連携・協働することで、常に地域社会の現在と未来を意識し、これまでの既存の取り組みの蓄積を活かしながら最適化していく活動です。そして、使命の達成に向けて必要となる新たな取り組みを創造していく活動をバランスよく組み合わせていきます。

Q99 センター長の役割はどのようなものですか？

A 包括センターのセンター長は、センター職員の中から選出される場合もあれば、行政直営なら課長職などの管理職、委託のセンターなら受託法人の管理職や監督職が就く場合もあります。いずれにしても、センター長は包括センターのマネジメントを担うマネジャーです。

センター長の役割は、Q98で述べたように、使命、目的、目標の達成に向けて組織、チームが成果を上げるように働きかける責任者です。包括センターが機能・役割を発揮するプロセスでは、センターの使命、目的を組織内外に普及させ、センターで働く人を生かし、地域社会に貢献していくために責任を持って目標達成の実現を目指す的確なマネジメント能力が求められます。以下はセンター長の主な役割です。

①センターの使命、目的、目標の普及と共有
②当該自治体、担当地域の課題の分析と課題認識の共有
③使命、目的、目標の達成に向けた事業計画の策定
④事業計画の進捗管理
⑤事業予算の策定と執行管理
⑥職員の人材育成とサポート
⑦職場環境の整備
⑧市町村（保険者）や他のセンター間の連携・協働の促進
⑨組織内外の関係者との連携・協働の促進
⑩リスクマネジメント

前ページの①〜⑩の役割はセンター長1人が担うわけではありません。包括センター職員と業務や役割を分担し、また、市町村（保険者）や受託法人の経営層、他の包括センターのセンター長と連携・協働して進めます。特に包括センターの業務は市町村の公的業務であることから、市町村（保険者）や受託法人の経営層には、センター長を支え、包括センターの基盤整備を行う責務があります。

いずれにしても、センター長には、使命、目的、目標の達成に向けた複数の役割があり、それらの役割をセンター内外の適切な役割分担とチームアプローチで達成していくのだと認識しながら、マネジメントする必要があります。

地域社会の現在と未来を見据えて、センターの使命、目的、目標を組織内外に普及させ、センターで働く人を活かし、地域社会に貢献していきましょう。

Q 100 包括センターの使命、目的、目標の共有はどのように行いますか？

A 包括センターのマネジメントの基盤となるのが、使命、目的、目標の共有です。改めて使命、目的、目標の内容を確認しておきましょう。

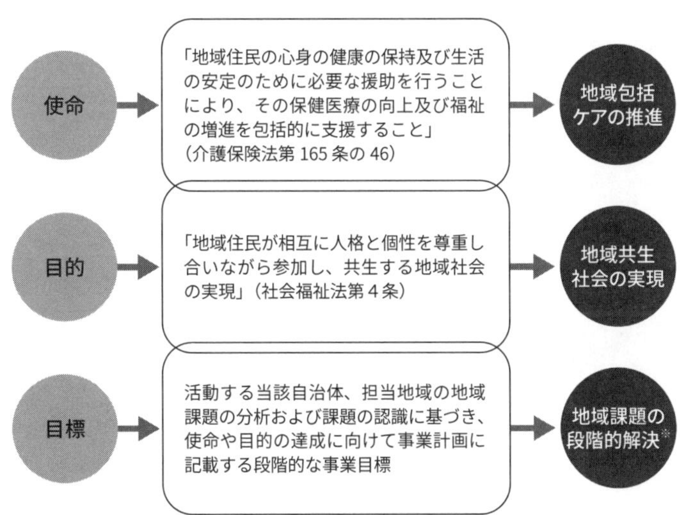

※事業計画の目標は、地域課題に基づき、包括センターの各業務、在宅医療・介護連携、認知症の地域ケアの推進などの業務ごとで設定します。また、包括センターの運営課題に基づいたセンターの環境整備に関する目標設定も同時に必要です。

包括センターの使命、目的、目標を互いに共有しないまま、市町村（保険者）や包括センター所属の各専門職が活動していることも多く見受けられます。市町村（保険者）と包括センターの連携・協働、また、包括センター内のチームアプローチの推進においては、使命、目的、目標の共有があってこそ、連携・協働や推進が円滑になります。包括センターの使命、目的、そして事業計画に定められたスモールステップである事業推進のための各目標を、センター内外で共有して活動を進めていくことが、包括センターのマネジメントの最初の一歩です。

Q 101 事業計画の策定と進捗管理の留意点を教えてください。

A 事業計画の策定と進捗管理の留意点は、地域課題の分析に基づいて行うことです。

使命、目的の達成に向けて事業計画を策定し、事業計画に基づいた予算を策定し、PDCAのマネジメントサイクルを回していくことはあらゆる組織に必要です。包括センターの業務推進のマネジメントの基本も、地域課題の分析や実態把握(Q27地域アセスメント、Q28実態把握参照)に基づく事業計画の策定と推進のPDCAサイクルを回転させていくことです。

包括センターは、市町村（保険者）の介護保険事業計画、高齢者保健福祉計画、地域福祉計画等に基づいた事業の推進、および自センターの担当圏域に向けた事業計画の作成とアプローチを同時に進めます。市町村計画には包括センターの役割も明記されています。包括センターにとっては中期計画にあたるため、市町村計画を参照しながら自センターの事業計画を策定しましょう。

厚生労働省による市町村と包括センターの評価指標では、この指標を活用した市町村と包括センターの協働によるPDCAサイクルの回し方を示しています。包括センターの業務は市町村（保険者）機能の一翼を担うものです。そのため、包括センターの機能強化にあたっては市町村の役割が重要となります。評価指標は、市町村、包括センターそれぞれに項目が設定され、かつ、両者はセットとして作成されています（厚生労働省老健局「地域包括支援センターの事業評価を通じた機能強化について（通知)」参照)。

評価項目は市町村とセンターとで対応関係となっており、運営方針を共有し連携したセンター事業の運営、市町村による基盤構築ができているかを評価することができるように構成されています（Q 117 参照）。

図表7-1　包括センターのPDCAサイクル

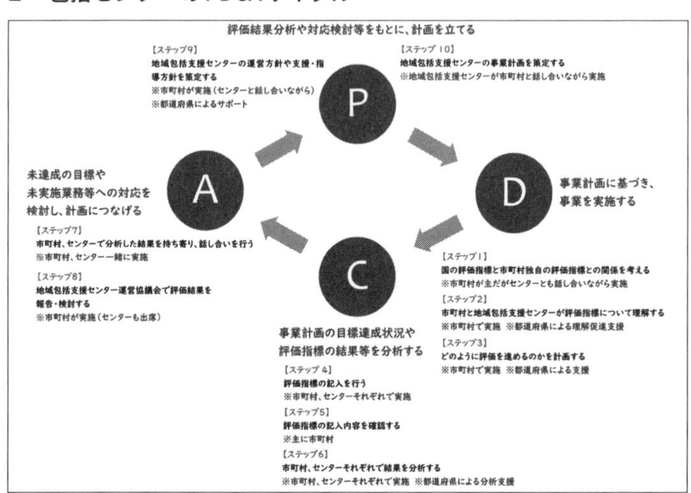

出典：三菱UFJリサーチ&コンサルティング「地域包括支援センターの事業評価を通じた取組改善と評価指標のあり方に関する評価指標活用の手引き」6ページから抜粋

「Plan：計画」では、市町村と包括センターで行った評価指標による結果分析および対応検討をもとに、市町村が包括センターの運営方針や支援方針を策定します。そして、その運営方針をもとに包括センターが事業計画を策定します。「Do：実行」では、事業計画に基づき事業を実施します。「Check：評価」では、市町村と包括センターで事業計画の目標達成の状況や未達成理由の分析を行います。業務課題の把握や分析では評価指標を活用します。「Action：改善」で実施できていない業務や未達成の目標への対応を検討したら、次年度の「Plan：計画」につなげます。

PDCA サイクルを回していくうえでは、地域包括ケアの実現を目指す市町村と包括センターとの協働関係が土台となります。

102 職員の人材育成とサポート体制の構築はどのように行いますか？

A　包括センターのマネジメントを行っていくうえで、土台となるのがセンターで働く職員の「人材マネジメント」です。センター長・管理職の最も重要な役割であり、また市町村や受託法人によるセンターへのサポート体制の構築も重要となります。

包括センターは社会福祉士、保健師・看護師、主任介護支援専門員といった専門職の集まりです。各自の専門性を活かしたチームアプローチを進めるのが基本ですが、職員は、組織内の異動により他業務から包括センター業務に配置されたり、学校卒業後すぐや転職で包括センター業務に就いたりと、職員のバックグラウンドはさまざまです。そのため、組織的に人材育成に取り組まなければ、職員のモチベーションが下がり、離職につながる要因になってしまいます。結果、業務推進に悪影響が出る恐れがあります。そのため、人材を育て、支援する人材マネジメントは重要かつ必須の課題です。

日々の業務推進において、職員の特性を活かし、人材を育成し、日常業務を支援することを常に意識していきましょう。

1．職員の成長を支援する

職員の成長を支えるためには、現状の業務遂行能力や状況に合わせた支援を行います。

総合相談支援を行う際の心構えである「傾聴」を職員に対しても心掛けるとともに、職員各人の状況を互いに理解し合うように努めましょう。組織マネジメントをするうえでは、各職員の持つ専門性をはじめ、次のようなことを把握しましょう。①業務遂行上の得意・不得意分野（個別対応は得意だが地域でのネットワーク形成は苦手など）、②好きな分野や苦手な仕事（ICT関連の業務が好きだが文書作成は苦手など）、③仕事の進め方の特性（計画的に進めることが得意、短期集中型の仕事が得意など）、④抱えている業務の質や量、⑤心身状況、育児や介護などの負担状況、⑥職員のこれまでの経験や包括センター業務の熟練度、⑦仕事上のネットワークなどです。職員育成上でも、所属職員の強みと弱みを把握し、強みを伸ばし、弱みをサポートしながら育成することが求められます。

センター長は日頃から職員の話をよく聞くとともに、包括センターの使命や目的、現在の業務遂行の意義や期待を伝えていきます。

業務上の目標管理では、事業計画上の達成目標も意識して進捗を見守ります。事業目標に向けて取り組んでもらった後は、職員と振り返りを行い、目標に対する達成度合いを確認し、達成度合いに応じて、「この点がよかった」「事業推進の○○の取り組みが△△の成果を上げた。一方で□□の部分はより工夫が必要。振り返りを行い、次回は◇◇の部分を改善するための工夫を考え、改善点が見つかったら報告をお願いします」といった具合に、職員の取り組みを具体的に認め、褒め、今後に向けた改善点があれば具体的に考えてもらう機会を作っていきましょう。

2．本人の力を伸ばす

指示や指導だけではなく、本人の力による業務遂行に向けた助言をしたり、きっかけ作りをしたりすることもあります。センター業務の初心者には、各業務の内容の教育的学習や段取りの指示を中心とし、経験度合により、コーチングの手法を取り入れた助言、業務遂行の支援を行っていきます。

職員の育成においては、業務推進や対人支援、地域支援における本人自身の振り返り、内省・省察による学びが重要です。内省・省察による本人自身の気づきが専門職としての成長に向けた次なる動機につながっていくからです。

具体的には、職員との個別面談や事例検討などの場面を活用して、本人の振り返り、省察のサポートを行います。職員の話をよく聞き、受け止めながら、職員自身が自身の言葉で業務の推進や支援活動を振り返り、自ら課題を発見し、今後に向けた解決を促すようにコミュニケーションをとっていきましょう。また、職場外の研修受講や各専門職団体における活動・自己啓発の促進なども、専門職の育成に必要な視点です。

3．職員へのフィードバック

業務の結果に対するフィードバックの仕方にも留意します。担当業務の目標を達成したときや相談支援が円滑に進んだときには、どの点がよかったかなどを具体的かつ積極的に職員を褒めましょう。

業務改善すべき点があれば、改めるべき行動や業務推進上の事実を速やかに指摘して本人に改善点を省察してもらう機会を設けましょう。今後に向けて厳しく指導する必要があれば、相談室などで１対１の時間をとって周囲に聞こえないようにするなど、本人の感情にも配慮しながら、本人自身が振り返り、気づき、省察できるようにしていきます。

私たちは対人支援のプロとして、多様な相談者とコミュニケーションをとり、寄り添いながら支援活動を行っています。それにもかかわらず、同じ職場の仲間へのコミュニケーションが疎かになりがちなことがあります。職員の人材育成とサポート体制の構築は、包括センターの業務推進に向けたマネジメントの中核にあることを意識していきましょう。

Q 103 組織内のスーパービジョン体制の構築をどのように行っていけばいいですか？

A　専門職の育成過程では、組織内にスーパービジョンの仕組みを導入します。スーパービジョンとは「管理・支持・教育という三機能を提供することにより実践家の社会化を含む、専門職育成の過程」であり、「専門職の業務全般の遂行をバックアップするための職場の確認作業体制」（福山：2005）※です。

センター長や管理職、先輩職員がスーパーバイザーとなり包括センター内の後進の職員にスーパービジョンを行う場合は、スーパービジョンの管理機能、教育機能、支持機能、の３つの機能を適切に組み合わせて活用します。

スーパービジョンの管理機能とは、スーパーバイジーが組織の使命、目的、目標に向けて、業務推進や支援活動上で「何をしたか」「何をしようとしているか」について、スーパーバイザーが確認する作業です。チェック項目は、①職務・職責、役割・機能、②業務・援助行動の計画性、③専門性に関する理論・情報・技術・価値の活用、④業務・援助の効果予測の４項目の確認作業であり、これら①～④のチェック項目を確認することで、職員の業務レベルを把握します。この体制を敷くことで、組織としての業務推進や支援活動の責任を果たし、地域住民や相談者の利益を守り、職員の成長を促すことができます。

スーパービジョンの支持機能とは、職員の業務行動が円滑にいっていない状況に対して、「何に悩んでいるのか」「何が不安なのか」「何に自信がないのか」について、①～④の４つのチェックポイントに基づき、確認作業を行うことです。福山によれば、「支持機能」は、スーパーバイザーがスーパーバイジーの業務を認め、励ますことであり、むやみにおだてる、褒めることとは本質的に異なります。スーパーバイジーが業務でできている点、よい点、これから伸ばしてほしい能力を共に理解して、スーパーバイジーを認めることが「支持機能」とされています。

職員の指導・育成にあたっては、このスーパービジョンの３つの機能を相互に補完しあうように意識的に使用し、指示を出し（管理機能)、教え（教育機能)、行動を認め、褒め、支える（支持機能）ことが必要です。新人職員に対しては、センター長やセンター長が指名した先輩職員が、スーパーバイザーとして日々の業務行動において随時スーパービジョンを実施し、また、定期的な個人スーパービジョンの時間を設けます。また、職員全体に対しても、日々の業務で随時実施したり、定期ミーティングでグループスーパービジョンを実施したりするなど体制を構築します。

また、包括センターは既述のとおり、社会福祉士、保健師・看護師、主任介護支援専門員といった専門職の集まりであり、特に事例対応においては各自の専門性をもって互いに助言し合い、サポートし合うことができます。また、事例対応や業務推進においては、必要に応じて、組織外の専門職ネットワークの活用により、専門的な対応のコンサルテーションを職員が受けられる環境の醸成も考えていきましょう（例：成年後見制度利用や高齢者虐待対応における市町村や中核機関の顧問弁護士等による法的対応の助言活用など)。

※出典：福山和女編著『ソーシャルワークのスーパービジョン－人の理解の探究』p.205～208（ミネルヴァ書房、2005年）

Q 104 日々の業務の中でスーパービジョンをどのように行っていけばいいですか？

A 総合相談支援をすべての業務の入り口とする包括センターは、日々、相談への数多くの対応を行っています。センター全体での相談支援の質の向上は「地域住民の保健医療の向上及び福祉の増進を包括的に支援すること」につながり、地域包括ケアの推進を使命とする包括センターとして必須のことです。また、センターで働く職員の人材育成の点にも深く関わります。相談支援の質を組織的に向上させていくためには、Q103で解説したとおり、センター内におけるスーパービジョン体制の構築が求められ、その一環として相談事例の内容共有や支援方法の検討、業務推進の確認作業を日々行っていくことが必要です。

業務推進や事例対応のために、日々の朝礼や夕礼、定期ミーティングなどの情報共有の時間を設けて、日々の業務内容や相談内容の共有、課題の共有や検討、進捗の確認を行います。また、センター長等のスーパーバイザーが業務推進や相談支援の確認作業を個別に行う場合もあります。スーパービジョンの管理機能、教育機能、支持機能の３つの機能を、業務の進捗状況や事例の内容、職員の成熟度に応じて意図的に使い分けながら総合的に活用していきます。

センター長が職員に対して行う確認作業例は以下のとおりです。

・「この相談事例の課題はどのようなことですか？」
・「相談者の訴えへの最初の心情面での手当て、声かけはどうでしたか？」
・「この事例の課題ではどのような社会資源活用が考えられますか？」
・「この事例では介護支援専門員のケアマネジメントへのつなぎ支援をするとともに、権利擁護面での消費生活センターとの連携が必要です。

支援チーム形成のための連絡調整はA職員にお願いしたいのでよろしくお願いします」

・「この前のXさんの相談事例では、ご本人の意思決定の環境が整って、病院から在宅への移行が円滑にできましたね。ご苦労様でした。これからが支援の本番ですがチームで取り組んでいきましょう」

・「この事例は緊急対応が必要です。すぐに高齢福祉課と中核機関の担当者に連絡をとって同行訪問を依頼しましょう」

・「あの事業の進捗状況は今どの段階になっていますか？　確認したいので報告をお願いします」

スーパービジョンは事例検討のみならず、日々の日常業務で随時スーパービジョンを実施する機会があります。センター長は、日常業務での情報共有やスーパービジョン体制の構築が人材育成や職員間のコミュニケーション促進にとって重要であることを意識して取り組んでいきましょう。

センター職員も、担当業務を１人で抱え込まずに、報告、連絡、相談を意識して、上司からスーパービジョンを受けるようにします。また、職員相互の専門性を活用したピアスーパービジョンを行うことで、業務遂行や支援活動が、より円滑に、より深みのあるものになっていくように取り組んでいきましょう。

日々の日常業務でも、スーパービジョンの管理機能、教育機能、支持機能の３つの機能を、業務の進捗状況や事例の内容、職員の成熟度に応じて意図的に使い分け、総合的に活用していきましょう。

Q105 センター内での事例の共有、検討の進め方の留意点とはどのようなことですか？

A 包括センターでは、日々の朝礼や短時間のミーティングとは別に、定期的に職員ミーティングの時間を設けます。事業計画に則り、多くの業務を推進していかなければならない包括センターにおいては、各業務の事業推進の進捗管理の確認作業だけでも数多くある一方で、支援困難となっている事例の検討時間を定期的に設けることは、職員の資質向上やチームアプローチ上でも有効です。

1．事例検討の進め方

支援困難事例等の検討を実施する場合は、ホワイトボード等を活用して、ジェノグラム・エコマップ（相談者本人と家族、関係者、社会資源との間にある関係を明らかにする生態学的地図）を描きながら相談者と環境の交互作用に関する見える化を行います。作成したジェノグラム・エコマップをもとに、相談者の状況や環境に関して職員間で丁寧に質問し合います。この質問・応答のやり取りは、事例担当の職員にとっての担当事例に関するアセスメントのやり直しの過程となります。センター職員には、１つの事例の支援過程の検討を通して、互いに自らの実践を振り返る謙虚な姿勢が求められます。

事例検討のプロセスは、次のとおりです。

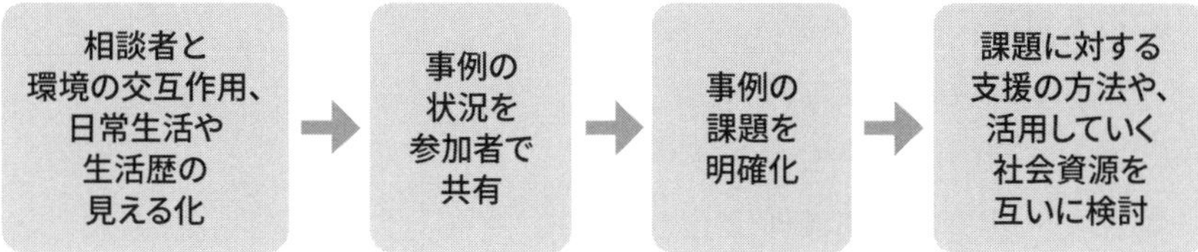
相談者と
環境の交互作用、
日常生活や
生活歴の
見える化
事例の
状況を
参加者で
共有
事例の
課題を
明確化
課題に対する
支援の方法や、
活用していく
社会資源を
互いに検討

緊急対応が必要な事例は、センター長等の上司やスーパーバイザーが責任をもって判断し、スーパービジョンの管理機能を使って、これまでの対応を確認しながら、今後の対応方針やチームアプローチを指示します。

一方で、スーパービジョンの教育機能や支持機能を活用する場合は、事例の状況を見える化・共有化する前に、性急に対応方法や社会資源を提案、指示することは、職員の事例状況・対応方法の理解の深まりにつながらないケースもあります。事例対応の担当職員や事例検討に参加しているセンター職員が、事例検討の過程で自らの実践を省察し、実践力の向上につながるように、職員の気づきを深める事例検討を意識し、方法論を共有していくことが職員育成につながります。

2．事例の見える化

包括センターでの事例対応の指導・支援においては、本人状況と取り巻く環境の見える化をします。支援者側から見たいわゆる困難ケースの要因は複合的で相互作用的です。本人に起因するものだけではなく、本人を取り巻く環境要因や相談支援を行う支援者自身の要因、支援者を取り巻く環境の要因、さらには本人や家族と支援者の関係性の要因等があり、各要因が相互に作用し合い、複合的な状況であることがほとんどです。困難ケースの状況の見える化は次の７つの視点から考えることができます。

①本人自身の課題は何か
②本人の環境の課題は何か
③本人と環境の関係性はどうか
④本人と支援者の関係性はどうか
⑤支援者自身の課題は何か
⑥支援者の環境の課題は何か
⑦支援者と環境の関係性はどうか

図表7-2　事例を考えるうえでの7つの視点

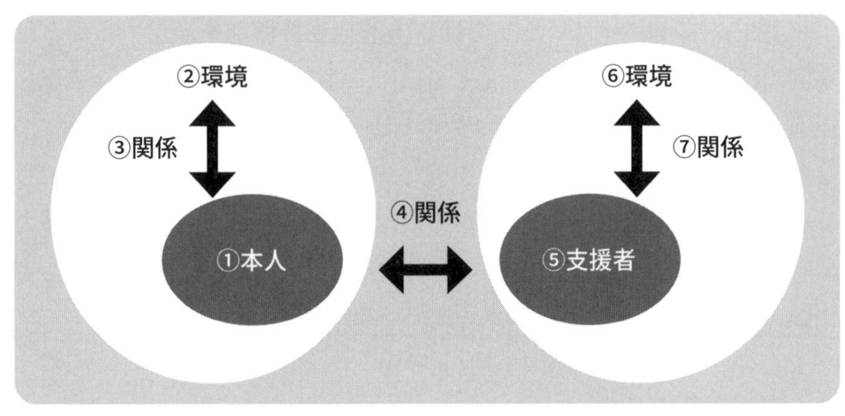

出典：山本繁樹「困難ケースを見える化する7つの視点」「ケアマネジャー2015年3月号」p.14～15（中央法規出版　一部改編）をもとに作成

事例検討の基本は、アセスメントをし直すことと、今後の支援方法を改めて考えることです。困難ケースへの対応においても同様で、多様な環境に取り囲まれている本人の課題がどこにあり、その内容は何なのかという課題の明確化、見える化が重要です。これらは支援上のアセスメントの視点であり、事例を検討する際の視点ともなり得ます。

支援者側には、本人の環境因子ともなる専門職としての知識、技術、価値の成熟度が問われます。同時に、支援者側の環境因子としての所属センター内におけるチームアプローチの状況、組織的なサポートの状況、さらには組織外の地域の多様な社会資源とのネットワーク構築の状況も、支援上の環境因子として支援者と本人・家族に大きく作用する点に留意が必要です。

センター長・管理者には、職員を支える環境因子としてのセンター内のチームアプローチ、組織的な後方支援・対応、地域の多様な社会資源とのネットワーク構築を良好にしていく取り組みが求められます。

106 職場環境を整えるための留意点はどのようなことですか？

A 職場環境を整えるための留意点は「心理的安全性」の担保です。「心理的安全性」が担保されている組織、チームは、目標達成に向けたパフォーマンスが高いといわれています。「心理的安全性」とは、米国のエイミー・エドモンドソン教授が提唱した概念であり、組織内やチーム内でアイデアを積極的に発言できる、逆に改善に向けて必要な指摘をしても、リーダーや他のチームメンバーに拒絶や非難される不安がなく、安心して活発に意見交換ができる状態を指します。安心感が共有されており、目的達成のために必要な組織内での良質なコミュニケーションがとれている状態です。

包括センターは専門職が集まるチームです。社会福祉士、保健師・看護師、主任介護支援専門員には、それぞれソーシャルワーク、保健・医療、ケアマネジメントの専門性の発揮が求められます。専門性を発揮するためには、各人の省察的な学習の継続とともに、各人が安心して発言し、議論し、包括センターの使命、目的に向けて闊達にコミュニケーションがとれる「心理的安全性」が担保されなくてはなりません。

包括センター内の職場環境として「心理的安全性」が担保され、使命・目的に向けて、事業計画の達成、各業務の遂行におけるパフォーマンスが高いチームになっていくためには、センター長や管理職が環境醸成のマネジメントを行います。最も必要なのは、丁寧に職員の言葉を聞き取るセンター長・管理職の姿勢と、職員の職務の取り組みに対する「ありがとう」「お疲れさま」といった感謝の言葉掛けです。センター内のメンバーが意見を言いやすいように、日頃から気軽な雑談なども取り入れながらコミュニケーションをとっていきましょう。会議やミーティングなどでは声の大きい人や年代が古い職員ばかりが話すような状況ではなく、センターのメンバー全員が遠慮なく発言できるように、会議運営をファシリテートしていきます。心理的安全性が担保された環境づくりで留意する点は、この点です。

職員に対し、日頃から業務推進や相談支援等におけるつまずきや失敗などはすぐに上司である自分やチームメンバーに率直に報告、連絡、相談してほしい旨を常に伝えていきましょう。つまずきや失敗などの報告があった際は最後まで丁寧によく聞き取り、報告に対する感謝を伝えながら、改善策を自身で考えてもらいましょう。

事故につながるようなヒヤリハットや、起こしてしまった事故案件については、早急に報告してもらう組織のルール化も必要です。緊急対応が必要な場合は、すぐにチーム全体として協力して対応していくように指示を出しましょう。そのうえで当該案件を振り返り、組織的な業務改善につなげていきます。

地域支援につながるネットワーク形成やセンターの各種業務に関する職員からの新たな提案に対しても、よく聞く耳を持ち、検討していく姿勢、評価する態度が必要です。その姿勢はチームメンバー間にも波及していきます。

安心感が共有され、良質なコミュニケーションがとれている状態は、使命や目的達成のためにとても重要です。センター長や管理職は、職員とコミュニケーションを取りながら、センターの使命、目的に照らして方向性を決め、判断していきましょう。また、心理的安全性の担保はセンター長自身にもいえることです。仲間のサポートをしっかり受けましょう。また、所属法人や担当行政部署とも心理的安全性の有効性を確認し、普及し合いましょう。

Q 107 各職員の特性を活かしたチーム力の向上にはどのような取り組みが必要ですか？

A チーム力向上のための取り組みは５つ考えられます。

１つ目は、センター長や管理職が職員に対し、メッセージの発信、職員への言葉掛けを意識して行うことです。

たとえば、職員が互いに使命、目的を常に確認し合い、業務推進に向けて、お互いの専門性や特性を活かしながら助け合うこと、チームアプローチが促進されることで個別支援や地域支援の力も向上することを丁寧に説明し、地域住民のために創造的な仕事をしていこうといった呼びかけをします。

２つ目は、職員間の業務の共通基盤の共有です。

「包括センターの機能・役割や基本業務の共通理解」「市町村や担当地域の地域包括ケアの基本方針といった俯瞰的なセンター方針の共通理解」「事業計画における短期的な取り組みの方針の共通理解」といった内容をはじめ、厚生労働省の地域支援事業実施要綱や全国共通で使用されている『地域包括支援センター運営マニュアル』（長寿社会開発センター）などの内容を共通認識とします。独自の業務マニュアルや研修テキストを作成している市町村であれば、それも活用します。

これらのマニュアル等の内容は、日常の実践と照らし合わせながら活用していきます。センター長や管理職は、職員が業務上でのわからない点を確認しながら、わかりやすい言葉で業務上のポイントを伝えます。そして、職員がこれらのマニュアル等を参照しながら業務を推進できるよう促します。

３つ目は、SDCA サイクルを回すことです。

業務マネジメントのPDCAサイクルを回すのと同様に、事務作業などの日常業務を誰もが共通でできるよう、標準化するSDCAサイクルを回していくことも重要です（SDCAサイクル：Standardize（標準化）⇒Do（実行）⇒Check（検証）⇒Act（改善）⇒S…）。包括センターの仕事は創造的な仕事が大半ですが、入力作業や報告事務などの標準化できる事務作業も多くあります。他の包括センターや市町村とも協力しながらSDCAサイクルを回していきましょう。業務の標準化、必要ではなくなった業務の簡素化といった視点もマネジメント上で大切です。

４つ目は新人職員や異動職員の育成体制づくりです。前述のマニュアル等の活用による仕事の進め方の基本事項を伝達するとともに、先輩職員が新人職員をOJTで育成していけるような体制を組みましょう。まずは「習うより慣れろ」です。そのうえで理論的な補強ができるように、テキストやマニュアルを活用していくように促しましょう。

また、センター長は定期的に新人職員や異動してきた職員と１対１の面談やスーパービジョンの機会を設けます。不安や緊張、本人の期待といった気持ちを聞き取ることで円滑に業務に取り組めているかを確認し、これまでの経験等を聞き取ることで各人の特性や専門性がチームの業務に活かせていけるようにサポートします。ポイントは、これまでの経験や持っている力を発揮できる職場だと思ってもらえるように、安心感と期待を伝えながら、本人の力が発揮できる機会を意図的に作ることです。職員の成長が確認できた際は積極的に認め、褒めましょう。

最後は、若い年代の職員からの意見や能力も正当に評価することです。職場内のICTの環境整備（ICTを活用したオンライン会議や相談支援、地域関係者とのネットワーク構築、SNSなどでの情報発信など）など、年代の若い職員の特性を活かしている包括センターが数多くあります。

以上のように、年齢・経験にかかわらず、各人の特性を活かすことがチーム力を向上させていくうえで重要です。

Q 108 働きやすい職場環境にするために遵守すべきことは何ですか？

A　働きやすい職場環境にするために、特に育児支援、介護支援、ハラスメントの防止等に関する各種労働法制の遵守が求められます。

そのためには、センター長や管理職は育児支援、介護支援などに関する労働法制の内容を把握し、職員の状況に応じた支援や環境整備を行います。組織の総務・労務担当部署とも連絡・調整を行い、職員が状況に応じて継続してセンターで働き続けられる職場環境を構築していきましょう。この際、センター長自身も総務・労務担当部署のサポートを受けていきます。

職員から自身の妊娠、出産、育児、介護等に関する相談があった際は、プライバシーに配慮しながら丁寧に対応をしましょう。職場の就業規則に則った育児・介護休業等の活用に関する申請事務などについては、組織の総務・労務担当部署職員にもサポートしてもらいましょう。

また、セクシャルハラスメント、マタニティハラスメント、パワーハラスメント、カスタマーハラスメントなどの各種のハラスメントに対して予防・防止に努めます。センター長・管理職自身や職員がハラスメント防止を学ぶ研修受講等の機会を定期的に持つようにしましょう。

職場環境の整備は、センター受託法人の取り組みでもあり、組織全体の課題としての取り組みでもあります。また、福祉・介護人材の不足が顕著になっている社会状況のなか、市町村の包括センター担当部署も、包括センターの職場環境整備のバックアップがひいては地域住民の支援につながることを意識して、受託法人の経営層への情報周知や意見交換、人員確保などのサポートを行います。

Q109 包括センターのリスクマネジメントについて教えてください。

A リスクマネジメントとは、組織を取り巻くリスクを把握し、対応策を講じる事前策とリスクが顕在化した際の事後策をあわせたものをいいます。起こりうるリスクを想定し、予防体制を整える予防的対応と、起こった場合の損害を最小限に食い止めるための対応や体制を構築する事後的対応の２つの側面があります。

包括センターにおける組織マネジメントにおいても、起こりうるリスクを想定し、予防的対応と事後的対応の指針を整備し、職員間で共有してリスクを未然に防ぎ、事故発生時には迅速に対応できる環境整備が求められます。リスクを予防・防止していても何らかの事故が起こってしまった際には被害を最小に抑えます。リスクマネジメントの目的として、サービス利用者や対応する職員の安全の確保や、各種のセンター業務のサービスの質の向上が挙げられます。

組織的に事故防止とその対策に取り組むためのリスクマネジメント指針は、センター独自、もしくは受託法人等の組織全体で定めます。指針の趣旨、リスク防止の基本視点、リスクマネジメントの組織体制、職員研修の基本指針、事故発生時の対応の基本指針などの全体方針をわかりやすく定めて組織内外に周知し、定期的に確認します。

包括センター運営で想定されるリスクには、通常業務における事故による対人賠償・対物賠償、人格権侵害、個人情報等の情報漏洩、ケアマネジメント業務における経済的損害事故などによる賠償責任リスクのほか、自然災害リスク、火災リスク、使用している機材の損壊リスク、職員の病気療養や退職による欠員などの人的体制リスクなどが挙げられます。

これらのリスクに備え、事前にセンター職員間や市町村の担当部署とも共有し、通常業務のサービスの質の維持・向上や情報セキュリティマネジメントを行います。重大事故の発生を未然に防止するとともに、事後対応に備え、組織として必要な保険への加入や災害発生時のBCP（事業継続計画）等の策定もしましょう。

また、「指定居宅サービス等の事業の人員、設備及び運営に関する基準等の一部を改正する省令」（令和３年厚生労働省令第９号）によって運営基準が改正され、包括センターが実施する居宅介護予防支援事業を含むすべての介護サービス事業者に対し、運営規定に定めておかなければならない事項として「虐待防止のための措置に関する事項」が追加されています。利用者の人権の擁護、虐待の防止等の観点から、虐待の発生またはその再発を防止するための委員会の開催、指針の整備、研修の実施、担当者を定める措置を講じていくことになります。センターとして、あるいは受託法人として、組織的な対応が求められます。

重大事故を起こさないことはもちろんですが，日頃から質の高い支援や業務を意識して、ヒヤリハット案件や事故発生時の迅速な報告・連絡・相談の徹底、事故が発生した際の組織的対応、軽微な事故であっても発生後の改善策のPDCAサイクルを回していくといったことを、センター内で共有します。このようなことがリスクマネジメントの基礎です。

社会福祉法第３条では以下のように定めています。

社会福祉法
（福祉サービスの基本的理念）
第３条　福祉サービスは、個人の尊厳の保持を旨とし、その内容は、福祉サービスの利用者が心身ともに健やかに育成され、又はその有する能力に応じ自立した日常生活を営むことができるように支援するものとして、良質かつ適切なものでなければならない。

以上のように、質の高い支援を行うことが、重大事故の発生を未然に防止するリスクマネジメントにつながることを認識しましょう。

Q 110 複数の包括センター間の連携・協働の促進方法について教えてください。

A 市町村に複数の包括センターが配置されている場合、包括センター連絡会などを設けて包括センター間の情報共有を定期的（必要に応じて臨時）に行うことは、包括センターのマネジメントやネットワーク形成を推進するうえで有効です。包括センター数にもよりますが、自治体全域レベルの地域包括ケア推進会議などがそのような役割を持つ場合もあるでしょう。人口規模の大きい自治体では、複数センター間の社会福祉士同士、看護師・保健師同士、主任介護支援専門員同士の会議を隔月などで定期的に開催しているところも多くあります。

会議のテーマは、社会福祉士であれば総合相談支援業務や権利擁護業務の推進に関すること、保健師・看護師であれば介護予防に関すること、主任介護支援専門員であればケアマネジメント支援業務に関することなど、各職種の専門性に関わる業務の推進や、互いの生活圏域での取り組みの情報交換を実施すること、各種テーマの研修会や事例検討の実施などが考えられます。

また、複数センター間のセンター長・管理職が定期的に集まり、制度情報や組織マネジメント、スーパービジョン等に関わるテーマで、互いの取り組みの情報交換や勉強会を行っている例もあります。組織内の中間管理職として苦労を重ねているセンター長・管理職も多く、同じような立場の者同士の交流の機会は、バーンアウト防止においても有効でしょう。

このような複数センター間の連携・協働の促進は、基礎自治体レベルでは市町村（保険者）の担当部署、もしくは基幹型センターがネットワーク形成の全体構想を立てて、各連携会議の機能・役割を定めながら、招集・参加の呼びかけをしていきます。複数センター間の連携・協働の促進は、包括センター間の業務推進の平準化に向けた取り組みにつながっていきます。複数センター間の連携・協働の場がない場合は、各センターのセンター長や専門職等が自ら企画を立てて、主体的に他のセンターに連携・協働を呼びかけていくこともできます。実際、自主的に包括センターの職員間で事例検討や勉強会を実施している例も多くあります。地域包括ケアの推進には、少しでもよりよい地域にしていこうという主体的な地域づくりへの参加意識が必須です。

会議の開催やネットワーク構築は、開催や構築そのものが目的ではなく、地域包括ケア推進の手段です。会議や研修会参加者は、自らが学び得たものを必ず所属センターに持ち帰り、他の職員にも共有することが肝要です。また、各職種の専門性を活かすことは大切ですが、一方で、センター職員全体でも包括センターの主要４業務（総合支援業務、権利擁護、包括的・継続的ケアマネジメント支援、介護予防ケアマネジメント）に習熟することも必要です。センター長は、職員に対し、このような意図を説明しながら、互いの学び合いを促していきます。

●事例：Ｘ市の各種業務連絡会

Ｘ市では、市内６センターの専門職ごとに、「総合相談支援・権利擁護業務連絡会」、「ケアマネジメント支援業務連絡会」、「介護予防業務連絡会」を隔月で開催し、各業務の推進に関する情報共有、検討を行っています。たとえば、「総合相談支援・権利擁護業務連絡会」では、各センターの社会福祉士と行政担当者が集まり、総合相談支援事例や権利擁護関連の事例対応を報告し合い、対応のポイントや改善点の振り返りを行うことによって、互いのソーシャルワーカーとしての資質向上と組織的な業務改善、各センターや市町村への業務改善に向けたフィードバックに取り組んでいます。

Q 111 包括センターの政策マネジメントとはどのようなことですか？

A 包括センターの政策マネジメントとは、市町村（保険者）は、国レベルの介護保険制度などの政策動向、および自らの地域の将来的な人口動態や高齢化率、要介護認定率や世帯構成数の推移、社会資源の状況等を勘案しながら、地域課題の把握に基づいて高齢者保健福祉計画や介護保険事業計画、あるいは上位計画である地域福祉計画の策定のなかで、地域社会の将来像を描きながら、地域包括ケアの推進や地域共生社会の実現に必要となる政策を計画的に進めていくことです。

加えて、高齢者保健福祉計画や介護保険事業計画などの中期計画に基づいて、収支予測、財源構成等も勘案しながら、毎年度の事業計画・予算策定を通して各種の政策を実行していきます。これらの一連の過程が自治体としての地域に向けたマネジメント過程となります。

包括センターは、地域住民の声や、支援のためのネットワークを形成している地域関係者の声を直接聴く機会が数多くあり、地域課題を把握しやすい立場にあります。そのため、包括センターの政策マネジメントは、地域課題や住民のニーズを行政担当部署との連携会議、地域ケア会議、運営協議会などの機会を通して市町村（保険者）に伝え、市町村（保険者）の政策形成、高齢者保健福祉計画や介護保険事業計画の策定に寄与していく役割があります。

また、市町村（保険者）の政策や地域包括ケア実践の好事例は、都道府県の広域行政や厚生労働省等によって横展開されるケースもあり、国レベルの政策形成につながっていく可能性もあります。

このように、包括センターとしての政策マネジメントを実践しながら、日頃から国レベルや自治体の政策動向を把握するように努めます。政策動向の把握には、厚生労働省の発出する介護保険情報や各種の通知、また福祉・介護系の新聞、専門誌、ICT を活用した各種の情報発信等を活用して情報収集をします。包括センター全体で取り組み、市町村（保険者）内の複数センターや行政担当者とも制度・政策の情報共有を定期的に行っていくことが肝要です。

介護保険制度は、制度改正や介護報酬の改定を重ねる過程において次第に複雑化している実態があります。この複雑な制度・政策をかみ砕いて、わかりやすい言葉で地域住民に伝えていくのも包括センターの役割です。同時に、前述のように地域現場で実践を行っている強みを活かして、地域課題や住民ニーズを行政や地域関係者に伝え、制度・政策に反映させていくことも包括センターの重要な役割です。

地域包括ケアの推進に関わる各種の政策は、主人公である地域住民のニーズ、地域の多様な課題への現場の対応、支援の実践をベースに形成します。政策マネジメントを行ううえでも、政策マネジメントの契機は地域の現場にあります。制度・政策のみにとらわれない創造的な支援の実践を試みながら、人々や社会のニーズに制度・政策が対応していけるように働きかけを継続していくことが求められています。

Q112 包括センター運営協議会を活性化させるコツは何ですか?

A 包括センター運営協議会を活性化させるコツは、センター職員が参加して、現場の実践や地域の状況を伝えていくことです。

運営協議会の役割は、包括センターや市町村（保険者）の取り組みの評価と活動の支援、サポートです。運営協議会は単に包括センターを一方的に評価する場ではなく、Q101「事業計画の策定と進捗管理の留意点」で説明したように、厚生労働省の評価指標等を活用しながら包括センターの活動の土台となる市町村（保険者）の取り組みの評価も同時に行います。地域包括ケアの推進に向けて必要となる市町村と包括センターの取り組みの方針や包括センターの基盤整備を行う役割を担います。

包括センターに業務過多や人員不足が生じていれば、市町村（保険者）や受託法人に対して業務量の調整や人員体制の基盤整備、包括センターの機能強化を提言します。市町村（保険者）の包括センター担当部署は、運営協議会における議論や提言を活用して、庁内での政策調整や財源要求につなげていくこともできます。また、Q111「包括センターの政策マネジメント」で説明したように、包括センターが把握している地域課題や住民ニーズを議論して政策化につなげていく場でもあります。

一方、このような運営協議会が持つ役割や機能が十分に理解されずに、年に１～２回程度しか開催されずに形骸化してしまっている例、包括センター職員の参加が許されずに包括センター職員が把握している地域課題や具体的な住民ニーズを述べる機会がない例も見受けられます。

運営協議会には包括センターの職員も参加し、協議会メンバーと当該地域の地域包括ケアの推進に向けた意見交換、良質なコミュニケーションができるような場としていきましょう。なぜならば、運営協議会は市町村（保険者）と包括センターの業務方針を確認しながら、地域社会の将来を見据え、地域住民のニーズを踏まえた地域包括ケアの推進に関する協議を行っていく場だからです。

なお、運営協議会の構成員は、次の①～④を標準として、地域の実情に応じて市町村長（特別区の区長を含む）が選定します。

①介護サービスおよび介護予防サービスに関する事業者及び職能団体

②介護サービスおよび介護予防サービスの利用者、介護保険の被保険者（第１号および第２号）

③介護保険以外の地域の社会資源や地域における権利擁護、相談事業等を担う関係者

④前号に挙げる者のほか、地域ケアに関する学識経験者

運営協議会には会長を置くこととし、会長は構成員の互選により選任されます。運営協議会の所掌事務は、次のとおりです。

・包括センター設置等に関すること
・包括センターの行う業務の方針に関すること
・包括センターの運営に関すること
・包括センターの職員の確保に関すること
・その他、地域包括ケアに関すること

第 8 章

機能強化

Q113 包括センターの機能強化とは何ですか？

A 包括センターの使命は「地域包括ケアの推進」です。人口減少・少子高齢化、高齢者のみ世帯・要介護者・認知症高齢者・死亡者数の増加、介護人材不足、貧困（景気低迷・非正規雇用者の増加）、高齢障害者の増加、感染拡大など、めまぐるしく変化する社会状況が人々の暮らしにさまざまな影響を及ぼし、それが生きづらさの要因となります。相談や地域ケア会議などで明らかになる場合もあります。このように社会背景によって変化する個別の生活課題へ対応し、地域で包括的な支援を受けられるようにしていくことが、包括センターに求められている使命といえます。

しかし、「令和２年度厚生労働省老人保健健康増進等事業「地域包括支援センターの効果的な運営に関する調査研究事業」の報告書」によると、負担超過になっている業務があることで、この使命を果たせずにいる包括センターが少なくない実態が明らかになりました。2040年に向け包括センターの役割はますます重要度を帯びています。そのため、「機能強化」が重要視されているのです。

包括センターの機能は、包括センター職員だけが担うわけではありません。運営責任者である市町村（保険者）、委託の場合は受託法人、そして包括センター職員の３者責任で運営しなければなりません。その３者が適切な機能を果たすことが「機能強化」の条件です。

市町村は、地域の現状に即した運営方針を示しているか、適切な数のセンターを設置しているか、必要な予算は確保しているか、評価指標の結果を運営方針に活かしているか、などを考え、必要な役割を果たす責任があります。受託法人は、包括センターに適切な職員を配置しているか、法人として運営状況を理解して運営に関与しているか、人材育成に取り組んでいるか、労働環境を整備しているかなどの役割が求められます。それをもとに包括センター職員が包括センター業務を行うことで、機能を強化していきます。

2018年度からは、全国共通の市町村、包括センターによる評価指標を用いた包括センターの事業評価が開始され、それを通して把握できた包括センターの業務実態に基づいて、適切な人員体制の確保や業務の重点化や効率化を進めることとなり（「平成30年度厚生労働省老人保健健康増進等事業「地域包括支援センターの効果的な事業評価と取組改善に関する研究事業」報告書」）、機能強化への取り組みが強化されています。

図表8-1　包括センターの運営

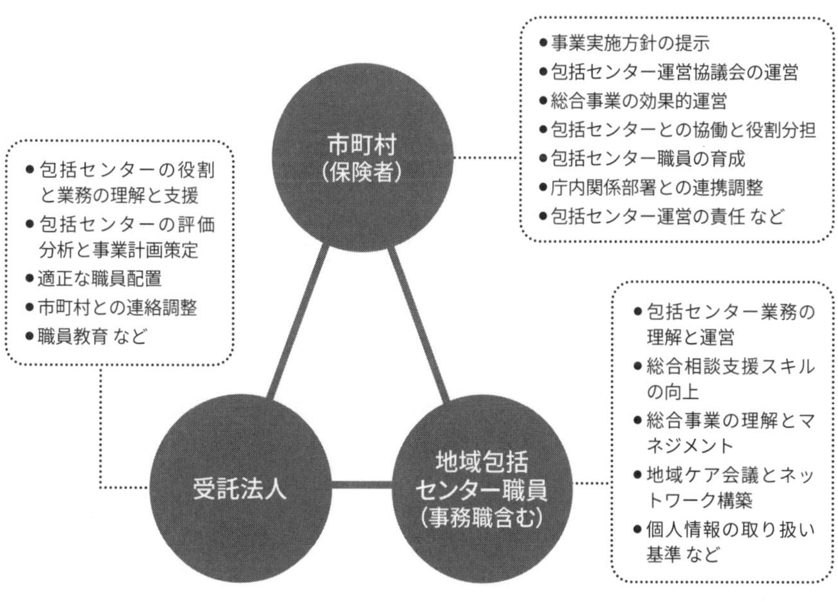

出典：筆者（中澤伸）作成

Q 114 包括センターではどのような業務が負担になっていますか？

A 「令和２年度厚生労働省老人保健健康増進等事業「地域包括支援センターの効果的な運営に関する調査研究事業」の報告書」では、負担超過（過負担）になっていると思う業務に対する回答として、指定介護予防支援、第１号介護予防支援（介護予防ケアマネジメント）が55.7%（複数回答）と最も多く、それに続くのが、総合相談支援業務（38.2%）、地域ケア会議に関する業務（29.0%）です。

指定介護予防支援における要支援１、２の人への介護予防ケアマネジメント業務は、包括センターから指定居宅介護支援事業所の介護支援専門員（ケアマネジャー）へ委託することができます。2021年度介護報酬改定では、「連携加算」が創出され、包括センターの機能強化のための業務軽減の一環にもつなげられるよう、介護支援専門員への委託を促す制度的方策も進められています。しかし、市町村によっては介護支援専門員の総数が不足している、また、要介護１～５の介護給付におけるケアプラン作成報酬よりも安価であることが原因で包括センターの業務軽減につながるほど委託が進んでいない状況もあります。

負担超過となっている「介護予防ケアマネジメント業務」だけでなく、「総合相談支援業務」や「地域ケア会議に関する業務」についても、高度なスキルとネットワークが必要な業務といえます。また、毎年多くのセンター職員が人事異動等で入れ替わります。異動による人材流動により知識・技術・ネットワークが積みあがらず、それゆえ、難しい業務＝負担超過と受け止められる原因にもなっていると考えられます。しかし、負担超過といえども包括センターの機能としてすべてが重要な業務です。地域包括ケアの推進のために、これらの業務を効果的・効率的に遂行できるような取り組みを総合的に進めることが「機能強化」には重要です。

115

機能強化を図るために業務負担をどのように軽減すればいいですか？

A　業務負担状況は、市町村や包括センターによってさまざまです。調査研究事業で明らかになっているデータ等はあくまで全国的な傾向と捉えます。

まずは、地元市町村や包括センターで負担になっている業務を把握したうえで、市町村、受託法人（委託センターの場合）、包括センター職員とで、負担となっている原因を分析します。負担になっている原因によって、対策はまったく異なるからです。

職員の業務理解や経験・スキルが原因であれば、Off-JT や OJT による研修も有効でしょう。また、制度を超えた連携ができるネットワークが弱ければ、合同事例検討会を開催するなどに取り組んでみます。包括センター内の職員の連携不足や事務業務の偏りも業務負担につながります。

そもそも、市町村内の包括センターの設置数が適正でなかったり、市町村、受託法人が包括センターの運営に関与していなかったりすると、包括センター職員が抱え込まざるを得ず、業務負担が解消されません。

そこで、「令和２年度厚生労働省老人保健健康増進等事業「地域包括支援センターの効果的な運営に関する調査研究事業」報告書」において、『地域包括支援センターの運営課題に対する取組ポイント－地域包括ケアを推進する運営を目指して－』が作成されました（2021 年３月三菱UFJ リサーチ＆コンサルティング）。この中では、業務負担と感じている業務ごとに、改善に向けた全国の取り組みが紹介されています。最も負担を感じている「介護予防ケアマネジメント」については、３職種の担当件数に上限を設定したり、市町村主導で介護支援専門員への外部委託を支援したりする事例などが紹介されています。また、包括センターに介護予防ケアマネジメント業務を専門に行う職員（プランナー）を配置したり、事務職員の配置を位置づけたりする市町村も紹介されています。

業務負担軽減の目的は、単に包括センター職員の業務を減らすことではなく、包括センターの使命を果たすための機能強化でなければいけません。職員の適正な配置やスキルの向上、そして労働環境の整備と定着、センター内の組織的な対応力の向上、介護予防ケアマネジメントの負担軽減、機能する制度を超えたネットワーク構築。これらは包括センターだけでできることではありません。市町村・受託法人・包括センター職員それぞれが必要な役割を果たすための機能強化策が必要といえます。

Q 116 包括センターのサポートはどこが担当しますか？

A 市町村です。また、基幹型包括センターや機能強化型センターの設置があればそこがサポートを担います。

包括センターは、委託であれ直営であれ、市町村業務です。包括センターの運営についての最終責任は市町村にあります。また、委託型の包括センターであれば、市町村と委託契約を結ぶのは母体法人です。運営上のサポートも当然ですが、市町村（委託型の場合は受託法人）は主体的に運営に関わる責任があることを認識しておく必要があります。

しかし、実際には市町村や受託法人が十分に責任を果たさず、包括センター職員が孤軍奮闘している事例も少なくないのが事実です。それでは包括センターの機能強化や業務負担軽減はなしえません。包括センターが複数設置されている場合、複数のセンター間の総合調整や地域ケア会議開催、「困難事例」に対する技術的支援といった後方支援などの役割を担う「基幹型包括センター」を設置し、包括センターのサポート体制を構築している市町村もあります。市町村に基幹型支援センターの設置義務はありませんが、包括センターの業務負担軽減やスキルの補完、人材育成、地域づくり、担当エリアを超えた広域的なネットワークづくりなどには有効な方法であるといえます。しかし、基幹型包括センターを設置せず、行政の専門機関等に基幹型包括センター機能を持たせることで、同様の効果を発揮している市町村もあります。いずれにしても、基幹型機能を市町村内に位置づけることは大変効果的だと考えられます。

基幹型以外にも、権利擁護業務や認知症支援等の機能を強化し、当該分野において他のセンターを支援する「機能強化型センター」を設置することなども可能です。市町村においては、地域の実情を踏まえながら、地域全体におけるセンター業務の効果的、一体的な運営体制を構築することが大切です。

2018年度から実施されている包括センターの評価指標は、「市町村評価」と「包括センター評価」が一対になって構成されています。両者が責任を果たさなければ包括センターは機能できないからです。よって、市町村が包括センター運営のサポート体制を強化することも機能強化策の重要な要素です（Q101、Q117参照）。

また、地域での個別利用者支援や地域課題解決のためには、包括センターにはサポートする側としての機能が求められています。しかし実際の支援場面では、サポートする側、される側とはっきりと二分できるものではありません。時にはサポートをする側になり、時にはサポートされる側になります。地域のいろいろな機関や人々と「水平的な関係（上下ではなく横のつながり）」になることで、結果としてサポートを受けることもできるようになります。

連携相手への過度な期待は、不満や連携不全につながります。また、人事異動直後などは役割の理解のズレが多々生じます。まずは連携時の認識を確認し、共通の目標を持てるようなコミュニケーションを大切にしましょう。

Q117 全国統一の包括センターの「評価指標」とはどのようなものですか？

A　2017年に成立した「地域包括ケアシステムの強化のための介護保険法等の一部を改正する法律（「地域包括ケア強化法」）」において、包括センター自身が事業評価を行い、事業の質の向上を図るとともに、市区町村が、定期的に、包括センターの事業実施状況を評価し、包括センターの運営方針の改正などの必要な措置を講じることが義務化されました。これに伴い2018年度から実施されているのが、全国統一の包括センター評価指標です。

包括センターの機能は、その設置主体である保険者の機能に大きく影響を受けることが明らかになったため、現在の評価指標は、包括センター評価と市町村評価の２つの構成となっています。なお、市町村評価については、保険者機能強化推進交付金（いわゆる「インセンティブ交付金」）の創設につながっており、包括センター評価指標と共通の評価項目が設定されました。

評価項目は、市町村項目59項目、包括センター項目55項目で構成されています。このうち、市町村項目と包括センターが方針を共有したうえで連携して運営できているかを把握する「連携項目」が48項目設定されています。毎年１回、包括センターと市町村は評価指標を記入し、都道府県を通じて厚生労働省で集約されます。厚生労働省は、全国集計し、結果をレーダーチャート等にして見える化し、都道府県から市町村へと戻します。結果を戻された市町村は包括センターや包括センター運営協議会へ報告します。

各包括センターにおける取り組み課題の抽出や都道府県・市町村全体

の傾向を知り、全国平均や都道府県、市町村平均データと比較をすることで、運営方針の変更や研修会の企画などを行います。評価指標を活用した機能強化策については Q113 を参照してください。

Q 118 委託を行う行政側（市町村・保険者）の機能強化ではどのようなことが考えられますか？

A　包括センターの機能を強化するためには、委託型であれ直営型であれ、包括センターの運営責任者である市町村機能の強化が不可欠です。

Q117でも触れた2017年の「地域包括ケア強化法」において、高齢者の自立支援・重度化防止等に向けた保険者の取り組みや、都道府県による保険者支援の取り組みが全国で実施されるよう、PDCAサイクルによる取り組みが制度化されました。その一環で、自治体への財政的インセンティブとして、市町村や都道府県のさまざまな取り組みの達成状況を評価できるような客観的な指標が設定されました。それが保険者機能強化推進交付金（いわゆる「インセンティブ交付金」）であり、市町村や都道府県の高齢者の自立支援、重度化防止等に関する取り組みを推進するためのものです。

保険者機能強化推進交付金は、市町村や都道府県の機能強化を図ることを目的とされており、共通の評価指標の結果により交付金が決定される仕組みです。

包括センターの評価指標にも、市町村が自ら取り組みを評価する項目が設けられていますが、前述の「保険者機能強化推進交付金」の評価指標と共通となるよう設問が設定されています。

包括センターの機能強化は、地域包括ケアシステムの構築や地域包括ケアの推進の一環として、保険者機能の強化に取り入れられているといえます。

119 市町村として包括センターの機能強化のために何をすればいいですか？

A 市町村は、包括センターの機能強化は保険者の機能強化の一環であることを理解する必要があります。

市町村は、評価指標（Q117）の結果から市内包括センターの評価状況や自らの取り組みを点検します。また、全国や県内の状況や前年度と比較しながら、機能強化に取り組むべき課題を発見します。

包括センターの機能強化を阻む要因には、保険者側の理解や取り組み不足も考えられます。次に挙げるような内容について、市町村も包括センターと同様に把握しなければなりません。

（例）

現在のセンター設置数や職員数は妥当か、人材育成状況、市町村職員の地域包括ケアシステムや包括センターの機能の理解度、包括センターに持ち込まれる相談内容や支援困難化事例を把握しているか、地域ケア会議ではどのような地域課題が顕在化しているか等

包括センター評価指標の結果の点検と取り組むべき課題の抽出は、保険者だけで行わず、包括センターの職員や委託型の場合は包括センターの受託法人と共有、検討する機会を持つようにします。そして、地域包括支援センター運営協議会へも報告します。

2020年度厚生労働省老健事業で「評価指標活用の手引き」が作成され公表されています。その手引きには、評価指標が作成された目的や構成、機能強化に活かすためのPDCAサイクルモデルの紹介などが掲載されています（Q 101 参照）。

また、2021年度には、同じく厚生労働省老健事業において「地域包括支援センターの運営課題に対する取組ポイント」が作成されました。これは、全国調査の結果をもとに、現在の運営上の問題点や問題点を克服した方法などを抽出し、その問題ごとに解決策が整理されています。「介護予防ケアプラン業務が膨大で、他の業務が圧迫されている」「事務業務が増えており負担が大きい」といった業務量増加に伴う負担に関する問題が多く挙げられており、解決策の例として、「事務員を配置」、「ICTの積極活用」、「専門職派遣システム導入」などに取り組んでいる事例が紹介されています。

これら既存の手引きや報告書等などを参考にして、市町村の現状にあった包括センター機能の強化に取り組んでください。

第９章
地域包括支援センターが今後求められる役割

Q120 8050（9060／7040）問題等へはどのように対応したらいいですか？

A 包括センターの業務負担において、介護予防ケアマネジメントに次いで、総合相談が高い数値を占めています（図表9－1）。その総合相談でも特に複数の課題が混在している8050等の支援の例では、長年、引きこもりの子を見守り支えてきた両親が認知症等になり、介護やケアが必要な状況にあるにもかかわらず、支援を求める術を知らず、時が過ぎ、重度化し、近隣から相談や通報が入るケースがあります。こうしたケースは近隣とのつきあいもなく、地域の中でも孤立している場合が多く、「大声が聞こえるようになった」「両親の姿が見えなくなった」「庭が荒れている」などの状況から周囲が心配したことがきっかけで、包括センターに相談が入ることも少なくありません。この場合、高齢者の支援を行いながら、引きこもりの子のつなぎ先を考え、日々の暮らしを立て直す支援をします。子の心身の状況や抱えている課題に応じられるつなぎ先を探しますが、場合によっては障害福祉や生活困窮者支援等の部局にも相談が必要なケースもあります。

生命の危機に直結する場合を除き、まずは、時間をかけながら信頼関係を築いていくことが大切です。信頼関係を築くにあたり、相談方法も検討します。たとえば、対面での面談がいいのか、最初はメモ等で手伝えることを知らせながら少しずつ距離を縮めていくのがいいのか、丁寧に考えて行動します。課題解決を急ぎ性急な支援は、対象とする世帯に負担をかけ、支援を拒否することにつながるおそれがあります。長い年月をかけての今があることを受け止め、少しずつ課題解決に向け、取り組んでいけることを考えます。ただし、包括センターだけで抱え込むことのないよう、対象者の課題解決に対応できる機関との連携を考えることが大切です。Q 17 も参考にしてください。あわせて、このような世帯では、困りごとがあっても相談する術を知らないために、どうやったら包括センターなどにたどり着くかなど広報をはじめ、日常生活に必須のスーパーなどにチラシを置いてもらうなど周知の仕方にも工夫が求められます（Q 20 参照）。

図表9-1　3職種の負担超過になっている業務

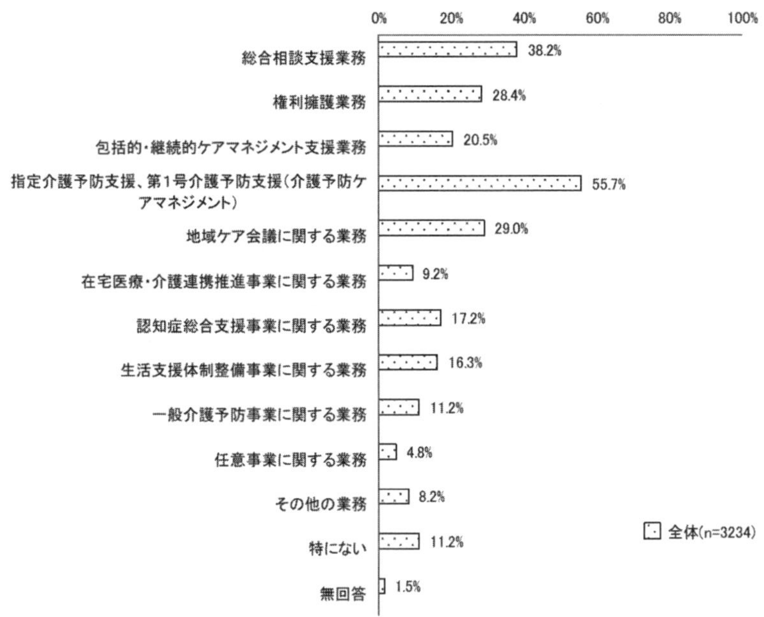

出典：令和2年度老人保健健康増進等補助会「地域包括支援センターの効果的な運営に関する調査研究事業」（三菱UFJリサーチ&コンサルティング）

121

地域共生社会の実現に向けて求められる包括センターの役割は何ですか？

A 地域共生社会とは、制度・分野ごとの縦割りや、「支え手」「受け手」の関係を超え、地域住民をはじめとした多様な関係者・関係機関が「わがごと」として参画し、人と人、人と資源が世代や分野を超えて、「まるごと」つながることで、住民一人ひとりの暮らしと生きがい、地域を共につくっていく社会を目指すものです。

その背景には、2040 年には人口減少・少子高齢化がさらに進展し、単身世帯が４割、就職氷河期世代の高齢化等の状況にも直面することがあります。さらに、地縁・血縁による助け合い機能が低下する中で、複合化・複雑化した生活課題への対応がますます困難となる状況を踏まえ、人と人、人と社会がつながり支え合う取り組みが生まれやすいよう環境を整える新たなアプローチが求められています。

そうした中において、地域包括ケアシステムの構築に向けて、その中核機関として包括センターが取り組んできた包括的支援業務は、個人や地域の困りごと相談から、複合的な課題を抱える世帯への支援や地域のネットワークづくりの促進や社会参加の場づくりなど、個人の支援に留まらず、地域での見守りや医療、介護の連携を含めて、さまざまな支援の輪を広げてきました。この経験と知見を活かしながら、生きづらさを抱えた人や経済的困窮などを抱えた人を支援する人たちとも連携を強化し、さまざまな知恵を駆使して、地域の文化ネットワークを強化していくことが求められます。

122

認知症施策の取り組みにおける包括センターの役割は何ですか？

A　図表９-２にもあるように、介護を取り巻く状況も変化しており、全人口で75歳以上の高齢者数が占める割合は増加しています。あわせて、65歳以上の単独世帯や夫婦のみの世帯も増加しています。長寿化により、今後ますます認知症高齢者数も伸びていくことが見込まれています。世帯構造の変化に伴い、従来のように家族だけに頼ることもできない状況を踏まえると、誰もが認知症になる可能性があることを認識しなければなりません。「わがごと」として認知症の問題に向き合っていく土壌を地域で醸成していくことが大切です。そのためには、正し

図表９-２　介護を取り巻く状況

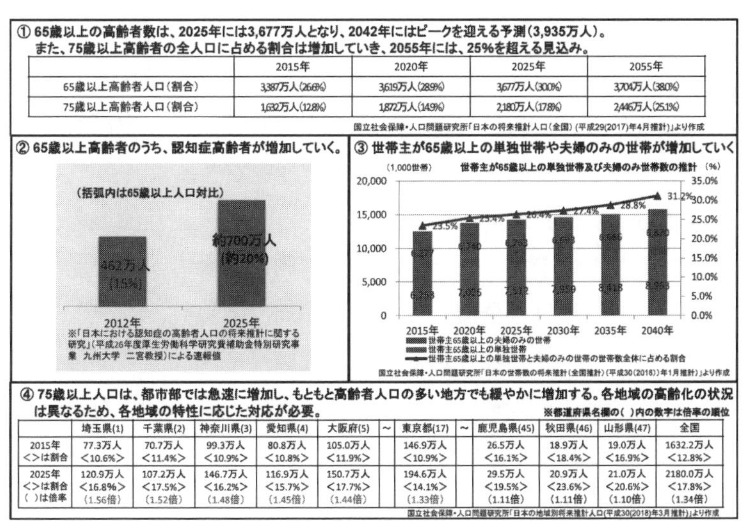

① 65歳以上の高齢者数は、2025年には3,677万人となり、2042年にはピークを迎える予測（3,935万人）。
また、75歳以上高齢者の全人口に占める割合は増加していき、2055年には、25%を超える見込み。

	2015年	2020年	2025年	2055年
65歳以上高齢者人口（割合）	3,387万人(26.6%)	3,619万人(28.9%)	3,677万人(30.0%)	3,704万人(38.0%)
75歳以上高齢者人口（割合）	1,632万人(12.8%)	1,872万人(14.9%)	2,180万人(17.8%)	2,446万人(25.1%)

国立社会保障・人口問題研究所「日本の将来推計人口（全国）（平成29(2017)年4月推計）」より作成

② 65歳以上高齢者のうち、認知症高齢者が増加していく。

③ 世帯主が65歳以上の単独世帯や夫婦のみの世帯が増加していく

国立社会保障・人口問題研究所「日本の世帯数の将来推計（全国推計）（平成30(2018)）年1月推計）」より作成

④ 75歳以上人口は、都市部では急速に増加し、もともと高齢者人口の多い地方でも緩やかに増加する。各地域の高齢化の状況は異なるため、各地域の特性に応じた対応が必要。

※都道府県名欄の（ ）内の数字は倍率の順位

	埼玉県(1)	千葉県(2)	神奈川県(3)	愛知県(4)	大阪府(5)	～	東京都(17)	～	鹿児島県(45)	秋田県(46)	山形県(47)	全国
2015年 ＜＞は割合	77.3万人 ＜10.6%＞	70.7万人 ＜11.4%＞	99.3万人 ＜10.9%＞	80.8万人 ＜10.8%＞	105.0万人 ＜11.9%＞		146.9万人 ＜10.9%＞		26.5万人 ＜16.1%＞	18.9万人 ＜18.4%＞	19.0万人 ＜16.9%＞	1632.2万人 ＜12.8%＞
2025年 ＜＞は割合 （ ）は倍率	120.9万人 ＜16.8%＞ （1.56倍）	107.2万人 ＜17.5%＞ （1.52倍）	146.7万人 ＜16.2%＞ （1.48倍）	116.9万人 ＜15.7%＞ （1.45倍）	150.7万人 ＜17.7%＞ （1.44倍）		194.6万人 ＜14.1%＞ （1.33倍）		29.5万人 ＜19.5%＞ （1.11倍）	20.9万人 ＜23.6%＞ （1.11倍）	21.0万人 ＜20.6%＞ （1.10倍）	2180.0万人 ＜17.8%＞ （1.34倍）

国立社会保障・人口問題研究所「日本の地域別将来推計人口（平成30(2018)年3月推計）」より作成

出典：厚生労働省「介護保険制度をめぐる最近の動向について」

く認知症のことを理解する人を増やし、認知症の人を決して排除することがないように、地域での見守り体制の構築や支え合いの仕組みをどのように作り上げていくかが問われています。

市町村（保険者）は、定性的な声や定量的な数値に基づき、介護保険事業計画の中でもどのような認知症施策を展開していくのかを明記し、早期発見・早期対応の仕組みづくりや住み慣れた地域で暮らし続けることができるような環境整備も推進します。包括センターにおいては、認知症高齢者の尊厳が守られるよう、本人の意思決定支援に寄り添い、サポートします。認知症初期集中支援チームや認知症地域支援推進員、生活支援コーディネーター等とも連携しながら、認知症の方々が安心して地域で過ごすために必要なのは何か、理解者となるターゲット層はどこか、どのような取り組みが地域でできるかについて、第１層・２層協議体でも考えていくことも大切でしょう。

市町村で把握している行方不明の恐れのある認知症高齢者のSOSネットワーク登録なども、登録して終わりではありません。登録者の中にはすでに遠方に行けるほどの歩行能力がない人もおり、毎年登録更新をするなど、行方不明になる恐れの高い人のリストの精度を上げる工夫も必要です。包括センターが包括的・継続的ケアマネジメント支援等で、認知症高齢者へのアセスメントの精度を上げるなど、在宅医療・介護連携推進事業などとも連携し、進めていくこともできます。

認知症サポーター養成講座の開催にあたっても、生活圏域の受講者を意識することも大切です。たとえば、日常的に高齢者がよく訪れるスーパーやコンビニ、銀行や農協、郵便局、薬局、美容院、タクシー会社などの関係者に向けた認知症サポーター養成講座や座談会を開催するなどの場を設けて、認知症高齢者への接し方や対応のノウハウを地域に伝えます。そうすることで、互いの負担軽減にもつながります。

また、軽度の認知症なら、ボランティア活動に参加できる人もいます。高齢者の中に交わることで会話がはずみ、脳が活性化することもあります。一般介護予防事業や住民主体の通いの場の参加者や担い手の理解を高めることで、たとえば、活動日時を忘れる方を見守ったり、活動時間に迎えに行ったりするなど、見守り体制の構築にもつながっていくでしょう。

今後、増加の一途をたどる認知症高齢者に関する取り組みの多くは、包括センターの日頃の業務からアイデアが生まれることと思います。そのアイデアを市町村（保険者）や関係機関に投げかけていくことも大切です（Q 21、Q 89 参照）。

Q 123 包括センターと地域づくりについて教えてください。

A　Q122でも触れましたが、認知症高齢者や単身高齢世帯等の増加に伴い、医療や介護サービスだけではなく、在宅生活を継続するための日常的な生活支援（配食・見守り等）を必要とする人の増加が見込まれます。そのためには、行政サービスのみならず、NPO、ボランティア、民間企業等といった多様な事業主体での重層的な支援体制の構築が求められます。同時に、高齢者の社会参加をより一層推進することを通じて、元気な高齢者が生活支援の担い手として活躍できる社会的役割をもつことで、生きがいや介護予防にもつなげる取り組みも重要となります。そのため、介護予防・日常生活支援総合事業においても単に事業やサービスを利用する側の高齢者の視点のみならず、その分野においても元気な高齢者や虚弱な高齢者が活躍できるような仕組みづくりを、地域づくりの視点から広げていくことも大切です。

地域づくりの視点から高齢者が活躍できる仕組みを構築した事例があります。ある限界集落は、ボランティア等の風習がなく、社会資源も乏しく、行政への要望が高い地域で、包括センターの業務が増えていました。そんな中、１人暮らし高齢者の安否の確認など含め、高齢者の見守りと介護予防が同時にできないかと、住民と市町村職員が円卓会議を何度も重ねてきました。その結果、地域住民だけでもできることがあると一人の男性高齢者が立ち上がり、住民が主体的に運営する通いの場（通所Ｂ）に送迎（訪問Ｄ）と食事ができる環境を整え、地域住民発の通いの場が立ち上がりました。また、ある地域では、民間企業が、常設型の通いの場をつくっています。その通いの場は、高齢者のみならず、誰もが気軽に立ち寄って話をすることができるため、閉じこもりがちな生活の防止に一役買っています。

地域の担い手不足という声もよく聞きますが、地域を愛する人々も多く、そのような人たちをどう巻き込み、地域づくりを加速化させていくのかも考えていきましょう。

Q 124 地域包括ケアシステムと地域共生社会の関係について教えてください。

A 団塊の世代が後期高齢者となる2025年に向けた地域包括ケアシステムの構築は、我が国の大きな節目になります。さらには高齢者の急増から、現役世代の人口の急減という新たな局面を迎えることが想定されており、2040年を展望した社会保障・働き方改革本部のとりまとめでは、第2次ベビーブーム世代（団塊ジュニア）の全員が65歳以上となる2040年を展望した政策課題について検討が行われ、とりまとめが公表されています。

包括センターの業務においてもこれらの取り組みと関連することがあります。特に就労や多様な社会参加の場では、生活支援体制整備事業や介護予防・日常生活支援総合事業等との関連もあります。健康寿命の延伸においても介護予防・フレイル対策や認知症予防など、通常の業務に関連することが多々あります。医療・福祉サービスの改革においてもAI・ICTを活用した業務の改善も考えられます。シニア人材の活用推進においては、介護予防に資する点もありますので、2040年を展望し、誰もが長く元気に活躍できる社会の実現に向け、地域で取り組めることを考えていくことも大切です。

また、2020年には、地域共生社会の実現のための社会福祉法等の一部を改正する法律（令和2年法律第52号）が公布され、2021年4月より順次施行されています。この法律には、「地域の特性に応じた認知症施策や介護サービス提供体制の整備等の推進」「医療・介護データ基盤の整備の推進」「介護人材確保および業務効率化の取り組みの強化」等が盛り込まれており、地域共生社会の実現に向けた取り組みを進めるものです。

地域包括ケアの実現に向けた考え方は、地域共生社会の実現においても基礎となるものであり、活用されるべきものです。地域支援事業をはじめとするさまざまな取り組みを高齢者に対する支援に限定することなく、障害者や子ども等含めた全世帯を対象に広げていくことが地域共生社会の実現へとつながるといえるでしょう。すなわち、これは地域包括ケアシステムの深化・推進が、地域共生社会の実現に向けて欠かせないものであるともいえるのではないでしょうか。

三菱UFJリサーチ＆コンサルティング「〈地域包括ケア研究会〉―2040年に向けた挑戦―」では地域包括ケアシステムと地域共生社会の関係性について、次のようにまとめられています。

○「我が事・丸ごと」地域共生社会の実現に向けた取組として提示されている「困りごとの総合相談窓口の設置」や「専門人材のキャリアパスの複線化」、あるいは「障害や介護におけるサービス資源の共有」等も、地域包括ケアシステムと共有できる地域の基盤であり、また地域包括ケアシステムがこれまで模索してきた方向性と一致している。

○地域共生社会と地域包括ケアシステムの関係について整理すると、「地域共生社会」とは、今後、日本社会全体で実現していこうとする社会全体のイメージやビジョンを示すものであり、高齢者分野を出発点として改善を重ねてきた「地域包括ケアシステム」は「地域共生社会」を実現するための「システム」「仕組み」であるとまとめられる。

出典：三菱UFJリサーチ＆コンサルティング「〈地域包括ケア研究会〉－2040年に向けた挑戦－」(地域包括ケアシステム構築に向けた制度及びサービスのあり方に関する研究事業)、平成28年度厚生労働省老人保健健康増進等事業、6項、2017年

図表９-３　2040年を展望し、誰もがより長く元気に活躍できる社会の実現

2040年を展望し、誰もがより長く元気に活躍できる社会の実現

- 2040年を展望すると、**高齢者の人口の伸びは落ち着き、現役世代（担い手）が急減する。**
  →**「総就業者数の増加」**とともに、**「より少ない人手でも回る医療・福祉の現場を実現」することが必要。**
- 今後、国民誰もが、より長く、元気に活躍できるよう、以下の取組を進める。
  ①多様な就労・社会参加の環境整備、②健康寿命の延伸、③医療・福祉サービスの改革による生産性の向上
  ④給付と負担の見直し等による社会保障の持続可能性の確保
- また、社会保障の枠内で考えるだけでなく、**農業、金融、住宅、健康な食事、創薬にもウイングを拡げ、関連する政策領域との連携の中で新たな展開を図っていく。**

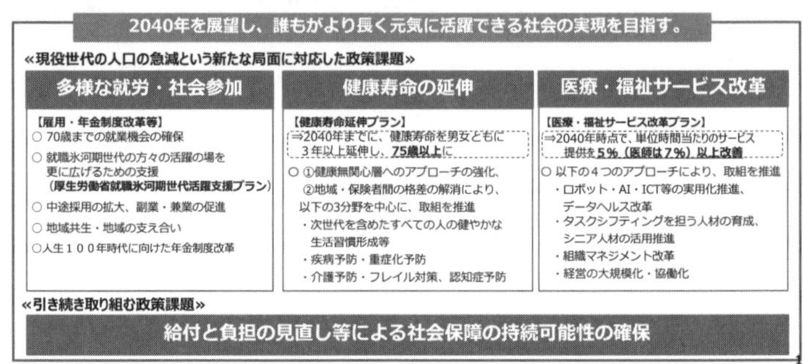

出典：厚生労働省「「2040年を展望した社会保障・働き方改革本部のとりまとめ」について」

以上、包括センターの今後の期待される役割について述べてきました。地域によって高齢者数や財源、医療・介護人材や地域の支え合いの仕組みや資源も異なるため、その地域の実情に応じたシステムの構築は、大変難易度が高いものです。

一方、包括センターは、包括的支援業務等を通して、確実に地域の課題やニーズをキャッチし、解決の糸口を探り、さまざまな関係機関・関係者とのネットワーク構築も手掛けながら、多種多様な対応を繰り広げてきました。日々移りゆく社会情勢の変化にも敏感に対応しながら、現在は、地域包括ケアシステムの構築のみならず、地域共生というさらに幅広い概念の中で地域づくりを加速化していくことを期待されています。日々の業務の積み重ねを大切にし、住み慣れた地域でいつまでも暮らし続けることをサポートしながら、対象を高齢者に限らず、地域という視点をもって今後も活躍していただくことを期待しています。

おわりに

「地域包括支援センター職員、行政担当者、地域関係者の皆さんのために、わかりやすいセンター活動のＱ＆Ａ集、活動推進の手引きとなるものを届けたい」との思いから、本書の企画は始まりました。

いざ執筆を始めてみると、包括センターの多様な活動を簡潔にわかりやすくまとめてみる作業の困難さに、編著者４人とも苦闘しました。日常業務の合間を縫っての執筆に苦闘しながらも、私たちの頭の中には常に、全国各地で住民や地域のために日々奮闘している皆さんの姿がありました。「日々の活動や地域の仕組みづくりに少しでも参考になれば……」という私たちの思いが、本書を手に取ってくれた読者の皆さんに届き、日々の活動の推進に役立つことができたならば、これほどうれしいことはありません。

世界でもトップクラスの少子高齢化、人口減少の日本社会の状況のなかで起こる多様な相談や地域課題に、包括センターは日々向き合い、相談者や地域の諸活動に寄り添っています。包括センターの活動は、まさに時代状況や社会状況を反映しており、これからもますますその役割は重要になっていくでしょう。

私たちは日々の実践において、地域の人々が抱える多様な生活課題に対応しています。その土台には「地域住民の保健医療の向上及び福祉の増進」と「地域住民が相互に人格と個性を尊重し合いながら参加し、共生する地域社会の実現」という使命と目的があります。主要４業務をはじめとした包括センターの諸業務は、その使命と目的に向けた地道な手段です。日々の業務遂行を通して、本来の使命と目的を忘れずに、基本構想を立て、計画的な業務推進が求められています。その日々の活動の推進に、この本が少しでもお役に立てれば幸いです。住民や地域社会のために、自分自身も元気に、仲間と共に活動していきましょう。

最後に、編著者４名の本書製作に同行し共に汗を流してくれた、㈱ぎょうせいの担当編集者にお礼申し上げます。

2023年3月

山本　繁樹

参考文献

地域包括支援センター運営マニュアル検討委員会編
『地域包括支援センター運営マニュアル３訂』長寿社会開発センター　2022 年

日本社会福祉士会編『地域包括支援センターのソーシャルワーク実践』
中央法規出版　2006 年

日本社会福祉士会編『地域包括支援センターにおけるソーシャルワーク実践
自己評価ワークブック』中央法規出版　2009 年

日本社会福祉士会編『改訂　地域包括支援センターのソーシャルワーク実践』
中央法規出版　2012 年

日本社会福祉士会編『ネットワークを活用したソーシャルワーク実践』
中央法規出版　2013 年

日本社会福祉士会編『地域共生社会に向けたソーシャルワーク』
中央法規出版　2018 年

髙橋紘士・田中明美・筒井孝子・中恵美・中澤伸・山本繁樹共編
『地域包括ケア時代の地域包括支援センター』オーム社　2021 年

福山和女編著『ソーシャルワークのスーパービジョン　人の理解の探究』
ミネルヴァ書房　2005 年

渡部律子『高齢者援助における相談面接の理論と実際 第２版』
医歯薬出版　2011 年

井上由紀子・鶴岡浩樹・宮島渡・村田麻起子
『現場で役立つ 介護・福祉リーダーのためのチームマネジメント』
中央法規出版　2019 年

山本繁樹・小林理哉「認知症の人の支援における権利擁護」
「月刊福祉」2020 年４月号　全国社会福祉協議会　2020 年

三菱 UFJ リサーチ＆コンサルティング「労働施策や地域資源等と連携した
市町村、地域包括支援センターにおける家族介護者支援　取組ポイント」
(2021 年４月)

川崎市地域包括ケアシステム連絡協議会ワーキンググループ
「社員からのこんな声に企業としてどう応えますか」(2023 年)

著者略歴

田中明美（たなか・あけみ）　生駒市特命監

都市銀行退職後、保健師資格を取り、生駒市入職。地域包括ケアの構築が主な担当。2020 年～ 2023 年３月、厚生労働省老健局で室長補佐として勤務。地域共生社会の実現に向け、2023 年４月より現職。『地域包括支援センター運営マニュアル』作成委員他。

中澤　伸（なかざわ・しん）　社会福祉法人川崎聖風福祉会 事業推進部長

主に川崎市において基幹型在宅介護支援センター、地域包括支援センター調整課長、特別養護老人ホーム施設長などに従事。2014 年から現職。障害者・高齢者、相談支援などの事業所を統括。『地域包括支援センター運営マニュアル』作成委員他。

中　恵美（なか・えみ）　金沢市地域包括支援センターとびうめ センター長

福祉大卒業後、都内の精神障害者小規模作業所入職。Ｕターン後、金沢市内精神科病院にソーシャルワーカーとして入職。院内相談室、在宅介護支援センターへの異動を経て、2006 年より現職。『地域包括支援センター運営マニュアル』作成委員他。

山本繁樹（やまもと・しげき）　社会福祉法人立川市社会福祉協議会 総合相談支援課長

社会福祉協議会において、地域づくり、基幹型地域包括支援センター、権利擁護センター、生活困窮者支援、障害福祉、総務・法人運営など、地域福祉推進全般に従事。『地域包括支援センター運営マニュアル』作成委員他。

（2023 年５月現在）

Q&A 地域包括支援センターのシゴト
押さえておきたい基本と実務対策

令和５年５月20日　第１刷発行
令和６年７月15日　第４刷発行

編　著　田中明美・中澤　伸・中　恵美・山本繁樹

発　行　株式会社ぎょうせい

〒136-8575　東京都江東区新木場1-18-11
URL：https://gyosei.jp

フリーコール　0120-953-431
ぎょうせい　お問い合わせ　検索　https://gyosei.jp/inquiry/

〈検印省略〉

印刷　ぎょうせいデジタル株式会社

ISBN978-4-324-11237-3
(5108851-00-000)
〔略号：QA包括〕